# Creole Made Easy

## A simple introduction to Haitian Creole for English speaking people

- The basic elements of Creole grammar
- Sixteen easy lessons
- How to pronounce Creole words
- Simple exercises with translation keys
- Dictionary of 4,600 Creole ←→ English words

Revised and edited by
Wally R. Turnbull Jr. MFA

Based on the 1945 work of
H. Ormonde McConnell MBE
and Eugene Swan MA

This publication is designed to provide accurate and authoritative information in regard to the Creole Language of Haiti. It is sold with the understanding that the publisher is not engaged in rendering professional services. If professional instruction, advice, or other expert assistance is required, the services of a competent professional person should be sought.

*Library of Congress Cataloging-in-Publication Data:*

ISBN 0-9679937-1-7

# PREFACE

In preparing these lessons, our purpose has been to provide a practical introduction to Creole. We have avoided, as far as possible, grammatical technicalities.

We do not make any claim to completeness in this work. Many omissions have been made consciously for the sake of simplicity. Most exceptions to the rules of the language have not been covered. Some of the examples used could be translated in an alternate, preferred way but are used in a grammatically correct fashion consistent with the lessons they illustrate.

This book is based on the 1945 work *You Can Learn Creole* by Rev. H. Ormonde McConnell and Eugene Swan Jr. It has been greatly expanded and revised to use the standardized Creole phonetics and orthography adopted by the Government of Haiti.

We desire to express our thanks to the Eglise Methodiste who own all rights to the original work by Rev. McConnell for their permission to expand it and bring it up to date. Through the years, no guide to the Creole language has served the English-speaking student as well as *You Can Learn Creole*. We hope that this work will continue that excellent tradition.

Wally R. Turnbull Jr.
September, 2000
BHM – Fermathe, Haïti
Creole@bhm.org

H. Ormonde McConnell
Eugene Swan Jr.
February, 1945

# Table of Contents

# PREMYE LESON

The first three lessons of this book deal with pronunciation. Although they may seem to be the least interesting, they are of the utmost importance as they form the basis of what follows. It should not take long to master these first three lessons and they should not be neglected.

## PRONUNCIATION

In Creole, each letter has one sound and one sound only.

As a general rule, every vowel is pronounced separately. Haiti (Hay-tee) in English is (A-ee-tee) in Creole.

These pronunciation examples are based on US English.

> **a** is sounded like **o** in **lot**
> **e** is sounded like **i** in **tip**
> **è** is sounded like **e** in **let**
> **i** is sounded like **ee** in **seed**
> **o** is sounded like the **first half** of the letter **o** in English*
> **ò** is sounded like **o** in **boy**
> **ou** is sounded like **o** in **movie**

*In English, the letter **o** is said by forming one's lips into a circle which is gradually closed as the letter is pronounced. In Creole, only the first part of that **o** sound is made, with the lips remaining open.

Consonants are sounded as in English except for **j** which is sounded like the **s** in **measure**.

There are a few additional combination sounds to be learned in lessons two and three which occur in Creole but not in English.

# Vocabulary 1

| | | | |
|---|---|---|---|
| person, one | moun | to give | bay, ba, ban |
| he, she, it | li | yes | wi |
| you (singular) | ou | then | alò |
| we, us, you (plural) | nou | little | piti, ti |
| they, them, their | yo | there | la |
| can (to be able) | kapab | not | pa |
| the thing | bagay la | page | paj |
| have | genyen, gen | | |

## Exercise 1

1. You can give.
2. You give him the thing.
3. He can give them the thing.
4. Then they give him the little thing.
5. Yes, they can give it to you.

## Key (Exercise 1)

1. Ou kapab bay.
2. Ou ba li bagay la.
3. Li kapab bay yo bagay la.
4. Alò yo ba li ti bagay la.
5. Wi, yo kapab ba ou li.

# DEZYÈM LESON

## PRONUNCIATION

Some sounds in Creole are nasalized. This means that you speak them through your nose. In Creole **an, en,** and **on** are frequently nasalized whereas **èn,** and **òn** are not and **ann** usually not.

### AN

To learn to make the sound **an** (as in **manman**), try to say manman, while holding the nose. Without moving the mouth or tongue repeat the last **an.** Pronounce: **an: Jan** (John), **dousman** (gently), **chajman** (load), **nan** (in), **anpil** (much, a lot).

### ON

To learn to make the **on** sound, say tongue. Without moving the mouth or tongue repeat the o sound this time nasalized, that is, through the nose: Pronounce **on: sitwon** (lime), **savon** (soap), **aksyon** (action), **kontan** (pleased).

### Vocabulary 2

| | | | |
|---|---|---|---|
| work | travay | the house | kay la |
| John | Jan | three | twa |
| good | bon | to take | pran |
| in, through | nan | to wait for | tann |
| much, a lot, many | anpil | gently (slowly) | dousman |
| lime, lemon | sitwon | here | isit |
| pleased, happy | kontan | the peanut butter | manba a |
| soap | savon | the load | chajman an |

Various forms of the article 'the' are covered in lesson 4. These examples will help with pronunciation.

## Exercise 2

1. John waits for us there.
2. They take the peanut butter.
3. She can not take many limes.
4. Give her them. (Give them to her.)
5. A person cannot work slowly there.
6. Here in the house we have soap.
7. Do not work slowly.
8. You can wait for the load there.
9. We can take three.
10. He is pleased to take the work.

## Key (Exercise 2)

1. Jan tann nou la.
2. Yo pran manba a.
3. Li pa kapab pran anpil sitwon.
4. Ba li yo.
5. Yon moun pa kapab travay dousman la.
6. Isit nan kay la nou genyen savon.
7. Pa travay dousman.
8. Ou kapab tann chajman an la.
9. Nou kapab pran twa.
10. Li kontan pran travay la.

## Exercise 2 A

1. You can give John three good limes.
2. He waits for her here.
3. They give him three things.
4. Yes, you can take much soap.
5. We cannot work in the house.
6. He can't give them much work here.
7. We are pleased with the peanut butter.
8. John waits for him in the little house.
9. He waits there for many good limes.
10. He is not able to work slowly.

## Key (Exercise 2 A)

1. Ou kapab bay Jan twa bon sitwon.
2. Li tann li isit.
3. Yo ba li twa bagay.
4. Wi, ou kapab pran anpil savon.
5. Nou pa kapab travay nan kay la.
6. Li pa kapab ba yo anpil travay isit.
7. Nou kontan manba a.
8. Jan tann li nan ti kay la.
9. Li tann anpil bon sitwon la.
10. Li pa kapab travay dousman.

# TWAZYEM LESON

## PRONUNCIATION

Three sounds found in Creole but not found in English are **e, è,** and **en.**

## E

**e** is sounded like the i in tip or lip, the lips being drawn back as near the ears as possible. Pronounce: tip **e,** dip **e,** lip **e, panye, vle, rete, rale, de, leson, premye.**

## È

**è** is sounded like the e in let with the teeth wide enough apart to admit a pencil, and the lips drawn as near the ears as possible. Pronounce: let, **è, fè, dèyè, lès, kèk, lwès, dezyèm.**

## EN

To learn to make the **en** sound, say enjoy, but nasalized, that is, say it through the nose. Pronounce: **en, mwen, lwen, men, byen, chen.**

## Vocabulary 3

| | | | |
|---|---|---|---|
| behind | dèyè | to need | bezwen |
| far | lwen | to do | fè |
| but | men | to stop or reside | rete |
| dog | chen | to pull | rale |
| beautiful | bèl | some(plural) | kèk |
| basket | panye | east | lès |
| four | kat | west | lwès |
| first | premye | lesson | leson |
| second | dezyèm | well (good) | byen |
| third | twazyèm | to want (wish, desire) | vle |
| me, I | mwen, m' | with | avèk, ak |
| the | la (after the noun) | again | ankò |

## Exercise 3

1. I want to do the first lesson.
2. They need some baskets.
3. It stops behind the house.
4. She takes the beautiful baskets.
5. She waits for some limes.
6. I can wait behind the third house.
7. Yes, I can give her the soap she needs.
8. We reside in the small house, but we cannot do the work well there.

## Key (exercise 3)

1. Mwen vle fè premye leson an.
2. Yo bezwen kèk panye.
3. Li rete dèyè kay la.
4. Li pran bèl panye yo.
5. Li tann kèk sitwon.
6. Mwen kapab tann dèyè twazyèm kay la.
7. Wi, mwen kapab ba li savon li bezwen an.
8. Nou rete nan ti kay la, men nou pa kapab fè travay la byen la.

# KATRIYEM LESON
## THE

In Creole, the article **the** always follows the noun. **The** in the plural is always expressed by **yo**. The horse - Chwal la. The horses - Chwal yo.

**The** in the singular may give some difficulty because in addition to **la**, there are three other ways of expressing it. There is, however, a simple way of avoiding the difficulty. **The** in the singular may always be expressed by **la** after the noun and will be readily understood, even if not always the preferred form.

> the horse - **chwal la**
> the dog - **chen la**
> the lesson - **leson la**

Although **la** for **the** is understood anywhere in Haïti and is used exclusively in certain districts always to express **the** in the singular, in the Center and South there are three ways of saying **the**. It is advisable to master the other forms. At first they may appear rather forbidding but are not really difficult as they follow simple, logical rules. These rules are as follows:

1. **The** is translated by **an** following nouns ending in a nasalized vowel.

> the dog - **chen an**          the bread - **pen an**
> the hand - **men an**

2. When the word ends in **n** or **m**, **the** is translated by **nan**.

> the woman - **fanm nan**          the man - **nonm nan**
> the machine - **machin nan**

When the word ends in a vowel which is not nasalized **the** is translated by **a**.

> the basket - **panye a**          the hole - **twou a**
> the face - **figi a**

# Vocabulary 4

| | | | |
|---|---|---|---|
| orange | zoranj | where | kote, ki kote |
| ten | dis | when | ki lè |
| woman | fanm | why, why is | pouki |
| big | gran, gwo | over | sou, anlè |
| car, vehicle | machin | under | anba |
| tool | zouti | up | anwo |
| today | jodi (a) | to come | vini |
| bad | move | horse | chwal |
| enough | ase | child | ti moun |
| children | pitit | | |

## Exercise 4a

1. They have ten good horses, but they cannot work today.
2. Give me the tools.
3. We do not want the woman to come into the house.
4. He has it under the basket.
5. She wants some good tools.
6. They take the car but not the tools.
7. Why does he give them the basket?
8. The first woman has three children.
9. The woman gives the child on the horse, the basket.

## Key (Exercise 4a)

1. Yo genyen dis bon chwal, men yo pa kapab travay jodi a.
2. Ban mwen zouti yo.
3. Nou pa vle fanm nan vini nan kay la.
4. Li genyen li anba panye a.
5. Li vle kèk bon zouti.
6. Yo pran machin nan, men pa zouti yo.
7. Pouki li ba yo panye a?
8. Premye fanm nan genyen twa pitit.
9. Fanm nan bay ti moun sou chwal la panye a.

# Exercise 4b

1. Where do you do the work today?
2. When do we give him much work?
3. Why are they in the house?
4. Today ten horses pulled the big machine.
5. Where are the things you need?
6. He wants to come here today?
7. She can't pull the basket far.
8. Put the load up here, but do not wait for me.
9. Why are the women not able to do the work?

# Key (Exercise 4b)

1. Ki kote ou fè travay la jodi a?
2. Ki lè nou ba li anpil travay?
3. Pouki yo nan kay la?
4. Jodi a dis chwal rale gwo machin nan.
5. Kote bagay ou bezwen yo? *
6. Li vle vini isit la jodi a.
7. Li pa kapab rale panye a lwen.
8. Mete chajman an anwo isit la, men pa tann mwen.
9. Pouki fanm yo pa kapab fe travay la?

* Note: As stated at the beginning of the lesson, the Creole word for "the" always follows the noun. In this sentence, the phrase "the things you need" is taken as though it were a single word, and so **yo** comes at the end of the said phrase. This is the usual Creole practice in a sentence where a group of words can be taken together as one word.

# SENKYEM LESON

## TO EXPRESS POSSESSION

There are three ways of indicating possession in Creole.

1. Pronouns, when they come after the noun, show possession.

| | |
|---|---|
| I, me, my | mwen |
| you, your (singular) | ou |
| you, your (plural) | nou |
| we, us, our | nou |
| he, she, it, him, her, his, its | li |
| they, them, their | yo |

**Yo** also stands for **their** or plural **the**.
Chen yo can also mean "the dogs".

2. Frequently **pa** (or **a** in the North) is inserted before the pronoun. This **pa** has the effect of emphasizing the fact of possession. When pa is used with a pronoun, the pronoun is usually contracted. See chapter 6.

> Pa mwen becomes **pa m'** (pronounced pam).
> Pa ou becomes **pa w'** (pronounced paw).
> Pa li becomes **pa l'** (pronounced pal).
>
> my house **kay pa mwen / kay pa m' / kay a mwen** in the North.
>
> your basket **panye pa ou / panye pa w'**.

3. **Pou** (for). This is used in questions about possession, but also has a general use:

> Whose is the dog? **Chen an se pou ki moun?**
> The house is mine. **Kay la se pou mwen /Kay la se pa mwen.**
>
> Using the verb to be (am, is, are) is covered in lesson 7. These examples will help the reader with the expression of the possession.

# Vocabulary 5

| | | | |
|---|---|---|---|
| my house | kay mwen | begin | komanse |
| your basket | panye ou | hand | men |
| your tools | zouti nou | store | magazen |
| our machine | machin nou | tie | mare |
| his horse | chwal li | cut | koupe |
| their dog | chen yo | purchase, buy | achte |

## Exercise 5

1. The horse is mine.
2. No, it is not yours, it is mine.
3. Give me my own tools.
4. She ties the basket on the horse.
5. I cut my hand.
6. They cannot pull with their hands.
7. I can tie it with my hands.
8. He begins to cut it with my tools.

## Key (Exercise 5)

1. Chwal la se pa m' (pa mwen).
2. Non, se pa pa ou, se pa m'.
3. Ban mwen zouti pa m'.
4. Li mare panye a sou chwal la.
5. Mwen blese men mwen.
6. Yo pa kapab rale avèk men yo.
7. Mwen kapab mare li avèk men mwen.
8. Li komanse koupe li avèk zouti mwen yo.

# SIZYEM LESON

## CONTRACTIONS AND TENSE

In Creole there are a great many contractions. Some examples are:

> **Mwen vle** (I want) becomes **m'vle.**
> **Li ap vini** (he is coming) becomes **l'ap vini.**
> **Ki ap vini** (who is in the act of coming) becomes **k'ap vini.**
> But do not confuse k'ap with **kapab** (able), which is sometimes contracted to **kap** or **kab** or **ka.**
> **Nou ap vini** (we will come) becomes **n'ap vini.**

When a possessive pronoun is contracted, it is written as a separate word (m', w', l') but it is pronounced as part of the word preceeding it.

> My house becomes **Kay pa m'** which is pronounced Kay pam.

> His tools becomes **Zouti pa l'** or **Zouti l'** which is prounounced zouti pal or zoutil.

> Your car is better than mine is expressed as **Machin pa w' pi bon pase pa m'.** Pa w' and pa m' are prounouced paw and pam.

When a contraction preceeds a word beginning with a vowel, the contracted word is joined to the following word but not when the word following the contraction begins with a consonant.

> I am coming becomes **m'ap vini.** (lesson 8)

> I want to come becomes **m' vle vini.**

# HOW TO INDICATE PAST ACTION

**Te** indicates past action or condition.

| | |
|---|---|
| He came. | Li te vini. |
| He gave us a beautiful basket. | Li te ba nou youn bèl panye. |
| He was able to stop the horse. | Li te kapab rete chwal la. |
| The woman worked in the house. | Fanm nan te travay nan kay la. |
| They tied their horses to the tree. | Yo te mare chwal yo nan pye bwa a. |
| They gave the tools to the man. | Yo te bay nonm nan zouti yo. |

# HOW TO INDICATE FUTURE ACTION

**Va** indicates a future action or condition.

| *English* | *Creole* | *Contraction* |
|---|---|---|
| I will come | Mwen va vini | M'a vini |
| He will come | Li va vini | L'a vini |
| We will come | Nou va vini | N'a vini |
| You will come (singular) | Ou va vini | W'a vini |
| You will come (plural) | Nou va vini | N'a vini |
| They will come | Yo va vini | Y'a vini |

These contractions are formed from the first and last letters:

mwen va becomes m'a
nou va becomes n'a
li va becomes l'a
yo va becomes y'a

| | | |
|---|---|---|
| He will come. | Li va vini. | L'a vini. |
| They will buy it at the store. | Yo va achte li nan magazen an. | Y'a achte li nan magazen an. |
| He will stop the horse. | Li va rete chwal la. | L'a rete chwal la. |
| He will be able to stop the horse. | Li va kapab rete chwal la. | L'a kapab rete chwal la. |
| You will cut off a piece with your machete. | Ou va koupe youn moso avèk manchèt ou. | W'a koupe youn moso avèk manchèt ou. |

## Vocabulary 6

| | | | | | |
|---|---|---|---|---|---|
| very | trè | man | nonm | men | mesye |
| together | ansanm | go out | soti | out, outside | deyò |
| tree | pye bwa | go | ale | only | sèlman |
| almost | prèske | put | mete | tomorrow | demen |
| see | wè | leg | janm | yesterday | yè, ayè |
| north | nò | south | sid | say, tell | di |
| leave | kite | break | kase | inside | andan |
| arm | bra | decide | deside | finish, done | fini |

## Exercise 6

1. We gave the man the oranges yesterday.
2. They will want a lot.
3. He left it outside.
4. I could not (was not able to) do it.
5. Their horses will work very well together.
6. But I shall be able to do it well today.
7. Why did you wait for us?
8. I wanted to tell you to come with me tomorrow.
9. I will give it to you tomorrow.
10. He said he will give it to me tomorrow.
11. The man saw them take my basket.
12. My men went north yesterday.
13. They have almost finished their work.
14. We needed only ten yesterday.
15. They had almost decided to work when he had come.

## Key (Exercise 6)

1. Nou te bay nonm nan zoranj yo, yè.
2. Y'a vle anpil.
3. Li te kite l' dèyò (kite l' is a contraction of kite li).
4. M' pa te kapab fè l' (fè l' is a contraction of fe li).
5. Chwal yo va travay trè byen ansanm.
6. Men, mwen va kapab fè l' byen jodi a.
7. Pouki ou te tann nou?

8.  M' te vle di ou vini ak mwen demen.
9.  M'a ba ou l' demen. (ou l' is a contraction of ou li).
10. Li te di la banm li demen (banm is a contraction of ban mwen).
11. Nonm nan te wè yo pran panye mwen.
12. Mesye mwen yo te ale nan nò yè.
13. Yo preske fini travay yo.
14. Nou te bezwen sèlman dis yè.
15. Yo te prèske deside travay lè li te vini.

# SETYEM LESON
## THE VERB "TO BE" (AM, IS, ARE)
### I

Creole is easier than many languages because, in most cases, the verb "to be" is not expressed. For example, before an adjective.

> The house is not good. **Kay la pa bon.**
> The machine is big. **Machin nan gwo.**
> The horses are lazy. **Chwal yo parese.**
> I am very glad. **Mwen kontan anpil. M' byen kontan.**

### II

But the verb "to be" translates as **se** before a noun or pronoun that means the same thing as (equals) the subject. For example:

> I am a chief. **Mwen se chèf.**
> He is the foreman. **Li se fòman nan.**
> His men are good workers. **Mesye li yo se bon travayè.**
> The horses are stallions. **Chwal yo se etalon.**

### III

**Se** is used to translate "it is"

> It is a good thing to learn Creole.
> **Se yon bon bagay pou apran kreyòl.**
> It is easy. **Se fasil.**
> It is useful. **Se itil.**
> It is for me to decide that. **Se mwen ki pou deside sa.**

### IV

In the same way, "it was" is translated **se te**.

> It was easy. **Se te fasil.**
> It was useful. **Se te itil.**

# V

In most other cases, "is", "am" and "are", are expressed by **ye**.

| | |
|---|---|
| Where are the horses? | Kote chwal yo ye? |
| Where are they? | Kote yo ye? |
| Who are you? | Ki moun ou ye? |
| At present we are working. | Kounye a n'ap travay. |
| | (Kou nou ye a) |

## Vocabulary 7

| | | | |
|---|---|---|---|
| ask | mande | other | lòt |
| because | paske | others | le zòt |
| day | jou | quick | vit |
| word | mo | quickly | vit |
| easy | fasil | show | montre |
| fall | tonbe | same | menm |
| for | pou | useful | itil |
| lazy | parese | who | ki |
| learn | apran | worker | travayè |
| now, at present | kounye a | listen, hear | tande |
| tire | kawoutchou | repair | repare |
| machete | manchèt | piece | moso |

## Exercise 7

1. They are the same tires I saw in (at) his house.
2. When did you see them there?
3. It was Monday or Tuesday.
4. Why didn't he come with the tires?
5. He told me he had had them repaired, but they were no good.
6. Where are the tires?
7. They are here.
8. Have them repaired again tomorrow.
9. Where is it?
10. Why is the big basket under the tree?
11. The tools are in the house with them.
12. Tie our horses to the tree.
13. Cut off a piece with your machete.
14. Her work is almost finished.
15. When were they with you?
16. They cut off many pieces today.
17. Over my house is a big tree.

# Key (Exercise 7)

1. Se menm kawoutchou yo mwen te wè la kay li.
2. Ki lè ou te wè yo la?
3. Se te lendi ou madi.
4. Pouki li pa te vini ak (avèk) kawoutchou yo?
5. Li te di mwen li te fè repare yo men yo pa t' bon.
6. Kote kawoutchou yo?
7. Yo isit.
8. Fè repare yo ankò demen.
9. Kote li ye?
10. Pouki gwo panye a anba pye bwa a?
11. Zouti yo nan kay la avèk yo.
12. Mare chwal nou yo nan pye bwa a.
13. Koupe yon moso avèk manchèt ou
    ("off" is never translated).
14. Travay li prèske fini.
15. Ki lè yo te avèk ou?
16. Yo koupe anpil moso jodi a.
17. Anlè kay mwen gen yon gwo pye bwa.

# UITYEM LESON

Continuous action in the present is shown by **ap**.

> I am learning Creole. ***M'ap (mwen ap) apran kreyòl.***
> They are working in the North. ***Y'ap (yo ap) travay nan nò.***
> He is doing his work well. ***L'ap fè travay li byen.***
> We are waiting for the others. ***N'ap tann le zòt yo.***
> The horses are pulling the vehicle. ***Chwal yo ap rale machin nan.***

## Vocabulary 8

| | | | |
|---|---|---|---|
| always | toujou | then | alò |
| from time to time | tan-zan-tan | build | bati |
| to come back | tounen | find | jwen |
| to be sorry | regrèt | to help | ede |
| stop (an action) | sispan | early | bonè |
| stop (an object) | rete | old | vye |
| this | sa a | if | si |
| these | sa yo | ought | dwe |
| new | nèf, nouvo | rain | lapli |
| someone | yon moun | | |

## Exercise 8

1. He is cutting the tree.
2. Why are you stopping your work now?
3. I am leaving my work now because the rain is coming.
4. O.K., but come back early tomorrow.
5. I am very sorry, but I cannot work tomorrow because I must find someone to help me build my house.
6. They are finishing their work.
7. Now they are showing us the same thing that they saw yesterday.
8. I can't decide if they ought to go tomorrow.

# Key (Exercise 8)

1. L'ap koupe pye bwa a.
2. Pouki w'ap (ou ape) sispan travay ou kounye a?
3. Map sispan travay mwen kounye a, paske lapli ap vini.
4. Oke, tounen bonè demen.
5. M' regrèt, mwen pa kapab travay demen, paske mwen bezwen jwen yon moun pou ede m' bati kay mwen.
6. Y'ap fini travay yo.
7. Kounye a y'ap montre nou menm bagay yo te wè yè a.
8. Mwen pa kapab deside si yo dwe ale demen.

# NEVYEM LESON

## THERE IS, THERE ARE

"There is" or "there are" is translated by **gen** or sometimes **genyen.**

There is a man over there. ***Gen yon nonm bò la a.***
(Literally: Got a man over there).

There are too many plants in the row. ***Gen twòp plant nan ranje a.***

### Vocabulary 9

| | | | |
|---|---|---|---|
| too many | twòp | how much? | konbyen? |
| too much | twòp | how many? | konbyen? |
| plant | plant | to use | sèvi (avèk) |
| row | ranje | to remember | sonje |
| a | yon | to think | pense |
| one | youn | what? | ki, ki sa? |
| at all | di tou | paper(s) | papye |
| what | sa | pen | plim |
| to file | klase | there (place) | la, bò la |
| office or desk | biwo | weed(s) | raje, move |
| ax | rach | | zèb |

### Exercise 9

1. There are too many papers in your desk.
2. Tomorrow you ought to file some papers.
3. What are you doing?
4. That's what I am doing.
5. I am cutting down this tree with my machete.
6. You ought to use your ax. A man broke his leg yesterday because he did what you are doing.
7. When you have finished cutting down the tree, take two horses to pull it and put it over there.
8. How many pens have you here?
9. There were seven there yesterday, but there is only one today. I cannot find the others at all.

# Key (Exercise 9)

1. Gen twòp papye nan biwo ou.
2. Demen ou dwe klase kèk papye.
3. Ki sa w'ap fè?
4. Se sa m'ap fè.
5. M'ap koupe pye bwa sa a, ak manchèt mwen.
6. Ou dwe sèvi ak rach ou. Yon nonm te kase janm li yè, paske li te fè sa w'ap fè a.
7. Lè ou fini koupe pye bwa a, pran de chwal pou rale l' e mete l' bò la a.
8. Konbyen plim ou genyen isit?
9. Te genyen sèt yè, men gen yon sèl jodi a. Mwen pa kapab jwen lòt yo di tou.

# DIZYEM LESON
## ASKING QUESTIONS

Where? **Kote, or ki kote?**
When? **Ki lè?**
Why? **Pouki, or pouki sa?**

### Vocabulary 10

| | | | |
|---|---|---|---|
| how? | kouman? or ki jan? | what? | ki or ki sa? |
| what is it? | (ki) sa li ye? | who? | ki? or ki moun? |
| what thing? | ki sa? or ki bagay? | to read | li |
| newspaper | jounal | wife | madanm |
| to write | ekri | money | lajan |
| book | liv | pay | paye |
| name | non | call | rele |
| computer | òdinatè, konpitè | type | tape (v) |

### Exercise 10a

1. Why are you happy?
2. When will your wife come?
3. Why did the others leave today?
4. Where are your books?
5. Where were you yesterday?
6. Where are the papers which show the money they pay the workers?
7. When will you come?
8. When did you finish filing the papers?

### Key (Exercise 10a)

1. Pouki ou kontan? (or) Pouki sa ou kontan?
2. Ki lè madanm ou va vini?
3. Pouki le zòt yo te kite jodi a?
4. Kote liv ou yo?
5. Kote ou te ye yè?
6. Kote papye yo ki montre lajan yo peye travayè yo?
7. Ki lè w'a vini?
8. Ki lè ou te fini klase papye yo?

## Exercise 10b

1. How are you?
2. How many newspapers have you read?
3. What?
4. Who was with you yesterday when I saw you?
5. What will you do tomorrow?
6. What is that?
7. What is your name?  (How do they call you?)
8. What are you doing now?

## Key (Exercise 10b)

1. Kouman ou ye?
2. Konbyen jounal ou li? (or) Konbyen jounal ou te li?
3. Ki sa?
4. Ki moun ki te avèk ou yè lè mwen te wè ou?
5. Sa w'ap fè demen?
6. Ki sa sa ye? (or) Sa sa ye?
7. Ki non ou? or  (Kouman yo rele ou?)
8. Ki sa w'ap fè kounye a?

## Exercise 10c

1. Where was the book?
2. Who was that?
3. Where is the book?
4. What was that?
5. Why are you leaving?
6. Who is coming today?
7. Why did you leave?
8. Who will be here tomorrow?

## Key (Exercise 10c)

1. Kote liv la te ye?
2. Ki moun sa te ye?
3. Kote liv la ye?
4. Ki sa sa te ye?
5. Pouki w'ap kite?
6. Ki moun k'ap (ki ap) vini jodi a?
7. Pouki ou te kite?
8. Ki moun k'a (ki va) isit demen?

**Eske** is used when the question begins with a verb.

Were you there when the man fell sick?
**Eske ou te la lè nonm nan te tonbe malad?**

Did he see me when he had finished speaking?
**Eske li te wè mwen lè li te fini pale?**

Does he know when I will come?
**Eske li konnen lè m'a vini?**

Will they ask me for the knife when I have finished sharpening it?
**Eske yo va mande m' kouto a, lè m' fini file l'?**

Will you be here when they begin their work?
**Eske w'a isit lè y'a konmanse travay yo?**

# ONZYEM LESON

## COMPARISON

### Old, older, oldest

#### I

Older, bigger, better, etc., is expressed by **pi**, before the adjective.

>Her work is better. **Travay li pi bon.**
>He is older (or more old) **Li pi gran.**
>His house is larger. **Kay li pi gwo.**

#### II

"Than" is expressed by adding **pase** after the adjective.

>Her work is better than ours. **Travay li pi bon pase travay nou.**

>His house is larger than mine. **Kay li pi gwo pase pa m'.**

>He is older than you. **Li pi gran pase ou.**

#### III

Oldest, biggest, best, etc, are usually expressed by **pase tout,** or **pase yo tout,** after the adjective.

>Her work is best. **Travay li pi bon pase tout.**

But, Creole avoids this form if possible, and only uses it when there is a special reason to bring out the idea of the superlative, so the above example might simply be written: **Travay li pi bon.**

>His house is largest. **Kay li pi gwo pase tout.** Or simply: **Kay li pi gwo.**

>He is the oldest. **Li pi gran pase tout.** Or simply: **Li pi gran.**

More is translated by **plis** instead of **pi** when it comes at the end of a sentence, and in "more than."

> I have no more. **Mwen pa gen plis.**
> It is more than that. **Se plis ke sa.**

## Vocabulary 11

| | | | |
|---|---|---|---|
| close | pre | sharp | file |
| deep | fon | stake | pikèt |
| dibble | pens | finger | dwèt |
| hole | twou | straight | dwat |
| nursery | pepinyè | to harvest | keyi |
| foreman | fòman | experience | esperians |
| noon | midi | morning | maten |
| since | depi | to make, to cause | fè |
| ground | tè | | |

## Exercise 11

1. The stakes are closer together than in the other nursery.
2. Make a deeper hole with your dibble.
3. The first row is straighter.
4. His machete is the sharpest.
5. Cut the biggest plants only.
6. Pierre is the best foreman.
7. Cut it further back.
8. He harvested more than I.

## Key (Exercise 11)

1. Pikèt yo pi pre pase nan lòt pepinyè a.
2. Fè yon twou pi fon ak pens ou.
3. Premye ranje a pi dwat.
4. Manchèt li pi file pase tout.
5. Koupe pi gran plant yo sèlman.
6. Pyè, se pi bon fòman nan.
7. Koupe li pi dèyè.
8. Li te keyi plis pase mwen.

# DOUZYEM LESON

## TOO, TOO MUCH, LESS, VERY, SO, SO THAT

### I

The Creole word for "too", meaning "also", is similar to the English. In Creole, it is written **tou**.

> John came too. **Jan te vini tou.**
>
> Do you need the empty basket too? **Eske ou bezwen panye vid la tou?**

"Too" meaning "too much" is translated by **twòp**.

> I gave him too much. **Mwen te ba li twòp.**
>
> You asked too much money for the car. **Ou te mande twòp lajan pou machin nan.**

But the "p" of "twòp" is omitted before an adjective.

> They told me that it was too far to walk in one day. **Yo te di m' ke se te twò lwen pou mache nan yon sèl jounen.**
>
> The load is too heavy for my pick-up. **Chajman an twò lou pou pikòp mwen.**

### II

"Less" is expressed by **mwens**.

> There is less work in the dry season. **Gen mwens travay nan sechrès.**
>
> Fewer weeds grow at that time. **Gen mwens raje ki pouse nan tann sa a.**
>
> Why do my cows give less milk than yours? **Pouki bèf mwen yo bay mwens lèt ke pa ou?**

The "s" of **mwens** is omitted before an adjective, in the same manner that the "p" is omitted from **twòp**.

> Was it less dry here in the month of February?
> **Eske li te fè mwen sèch isit nan mwa fevriye?**

> This restaurant serves better food, but it is less expensive.
> **Restoran sa a sèvi pi bon manje, men li mwen chè.**

### III

"Very" is expressed by **trè** or by **anpil** as a stronger expression: Very very tired. Very very late, etc.

> How are you? **Kouman ou ye?**
> Very well, thank you. **Trè byen, mèsi.**

> He was very angry. **Li te fache anpil.**
> Your coffee is excellent. **Kafe ou a bon anpil.**

### IV

"So (much/many)" alone is **si, tèlman**, or **si tèlman**.
"So (much/many) that" is **Si...ke** or **tèlman....ke**.
"So" meaning "in order to" is **pou**

> Creole is not so hard. **Kreyòl pa si difisil.**

> I did not know that you had so much. **Mwen pa t' konnen ou te gen si tèlman anpil.**

> He worked so fast that he finished in one day. **Li te travay tèlman vit ke li te fini nan yon jou.**

### Vocabulary 12

| | | | |
|---|---|---|---|
| empty | vid | less | mwens, mwen |
| walk | mache | soon | talè |
| hour | è | so | si, tèlman |
| mistake | fot | so that | si tèlman ke |
| report | rapò | unfortunately | malerezman |
| during | pandan | tight, taut | sere |
| heavy | lou | tight fit | kwense |
| angry | fache | dry season | sechrès |
| garden | jaden | to empty | vide |
| answer | repons | corner | kwen |
| worst | pi move | everyone | tout moun |
| fast | vit, rapid | keyboard | klavye |

# Exercise 12

1. When did you finish your lesson?
2. I asked him to come so early so that we can finish before noon.
3. Unfortunately, the most experienced workers made the worst mistakes.
4. Only the fastest computer can do the work best.
5. He types faster than everyone (else).
6. Has she reported to you since this morning?
7. Why didn't they come too?
8. How many newspapers will we need?
9. When will you know the answer?
10. There are less people here today.

## Key (Exercise 12)

1. Ki lè ou te fini leson ou?
2. Mwen te mande l' vini si bonè, pou nou kapab fini avan midi.
3. Malerezman, se travayè ki gen plis esperians yo ki te fè pi move fot yo.
4. Se sèlman konpite ki pi rapid la ki kapab fè travay ki pi bon.
5. Li tape pi vit pase tout moun.
6. Eske li te fè ou yon rapò depi maten an?
7. Pouki yo pa t' vini tou?
8. Konbyen jounal nou va bezwen?
9. Ki lè ou va kone repons la?
10. Gen mwens moun isit jodi a.

# TREZYEM LESON

## THE CONDITIONAL

### would, could, should, might, etc.

**Ta** indicates the conditional.

He would come. **Li ta vini.**
He would stop the horses. **Li ta rete chwal yo.**

In simple sentences, Creole makes no difference between the present conditional and the past conditional.

He could come. **Li ta vini.**
He would have come. **Li ta vini.**
He would cut off a piece if he had a machete.
**Li ta koupe yon mòso si li te gen manchèt.**

Where **ta** is used in the completing sentence, the idea of the "conditional" is thereby further stressed.

He could do it if he had time.
**Li ta kab fè l' si l' <u>ta</u> gen tan.**

May is translated by **kapab** or the abbreviation **ka**.
Might is translated by **ta kapab** or the abbreviation **ta ka**.

He may come. **Li kapab vini. Li ka vini.**
It may rain tomorrow. **Lapli ka tonbe demen.**
He said that he might have come. **Li te di ke l' ta kapab vini.**

### Vocabulary 13

| | | | |
|---|---|---|---|
| (in) time | (a) tan, lè | to mind (care for) | okipe |
| to hurt | fè mal | business | afè |
| to harm | fè tò | untie, start-up | demare |
| monkey | makak | to desire | vle |
| boat | bato | arrive | rive |

- 32 -

## Exercise 13

1. They decided what they would do.
2. I should not like him to say that.
3. The man would do better to mind his own business.
4. I don't see what more I could desire.
5. I would have done it if I had been able, but my arm hurt me.
6. We can finish the lesson tomorrow.
7. If we did not arrive in time, he might have untied the boat.

## Key to Exercise 13

1. Yo te deside sa yo ta fè.
2. Mwen pa ta renmen li di sa.
3. Nònm nan ta fè pi byen okipe afè pa l'.
4. Mwen pa wè sa mwen ta kapab vle ankò.
5. Mwen ta fè l' si m' ta kapab men bra mwen te fè mal.
6. Nou kapab fini leson an demen.
7. Si nou pa t' rive la a tan, li ta kapab demare bato a.

# KATOZYEM LESON

## THE PASSIVE

A sentence in the passive voice in English is generally turned into the active voice in Creole.

> To say: "The child was bitten by the dog," turn the sentence around to: "The dog bit the child". **Chen a te mode ti moun nan.**

> "We have been told not to go there", becomes "They told us not to go there". **Yo te di nou pa ale la.**

> "They were shown", becomes "They showed them". **Yo te montre yo.**

> "He will be given a job", becomes, "They will give him a job. **Yo va bay li yon travay.**

> "The house was sold yesterday", becomes "They sold the house yesterday." **Yo te van kay la yè.**

### Vocabulary 14

| | | | |
|---|---|---|---|
| baby | bebe | kill | touye |
| drag | trenen | title | tit |
| nominate | nonmen | teach | montre |
| movie | fim | lose | pèdi |
| bite | mòde | seek | chache |
| born | fèt | twice | de fwa |
| chief | chèf | emperor | anprè |
| soup | soup | boy | gason |

## Exercise 14

1. The movie was shown twice.
2. Dessalines was nominated chief of the country.
3. Christophe was given the title of emperor.
4. The soup was brought by the boy.
5. They were taught to read.

## Key to Exercise 14

1. Yo te pase fim nan de fwa.
2. Yo te nonmen Desalinnes chèf peyi a.
3. Yo te bay Christophe tit Anprè.
4. Gason an te pote soup la.
5. Yo te montre yo li.

The **yo** (they) in such sentences is impersonal.

Note the following examples:

The river was dried up. **Rivyè a te sèch.**
The house was burned. **Kay la te boule.**
The money was lost. **Lajan an te pèdi.**

In cases where the passive is shown by a past participle used adjectively, the active voice has a passive meaning. When an action cannot be attributed to any specific person or group, the active voice has a passive meaning.

# KENZYEM LESON

## THIS, THAT, THESE, THOSE -- used as adjectives

### i.e., as qualifiers of nouns

This: **sa a**      That: **sila a**      These: **sa yo**      Those: **sila yo**

| | |
|---|---|
| This house | **Kay sa a** |
| That house | **Kay sila a** |
| These houses | **Kay sa yo** |
| Those houses | **Kay sila yo** |

## THIS, THAT, THESE, THOSE -- used as pronouns

### i.e., standing alone without modifiers

This: **sa**      That: **sa**      These: **sa yo**      Those: **sa yo**

| | |
|---|---|
| This is a good house. | **Sa se yon bon kay.** |
| That is a good house. | **Sa se yon bon kay.** |
| These are good houses. | **Sa yo se bon kay.** |
| Those are good houses. | **Sa yo se bon kay.** |

## Vocabulary 15

| | |
|---|---|
| like better than (or) prefer | pito (or) renmen plis |
| excellent | bon anpil |
| please | souple, tanpri |
| banana | fig |
| coffee | kafe |

## Exercise 15

1. This is the house that Jack built.
2. These oranges are good.
3. I like this house better than that one.
4. I like that house better than this one.
5. This is the house where I was born.
6. Are those the best bananas you have?
7. He was very much pleased by these people.
8. This coffee is excellent.
9. This computer keyboard is better than that one.

# Key to Exercise 15

1. Sa se kay Jak te bati a.
2. Zoranj sa yo bon.
3. Mwen pito kay sa a pase sila a.
4. Mwen pito kay sila a pase sa a.
5. Se nan kay sa a mwen te fèt.
6. Eske fig sila yo se pi bon ou genyen?
   or Eske sila yo se pi bon fig ou genyen?
7. Li te kontan anpil ak moun sa yo.
8. Kafe sa a bon anpil.
9. Klavye konpitè sa a pi bon pase sila a.

# SEZYEM LESON

## SOME, SOME OF

Generally "some" is translated by **kèk**

> Give me some oranges:  **Ban mwen kèk zoranj.**
> You will buy some flowers:  **W'a achte kèk flè.**

In the plural, "some of" is translated by **kèk nan** with certain exceptions.

> He sold me some of his chickens.  **Li te van mwen kèk nan poul li yo.**

> We must send some of the bananas to him.  **Nou gen pou nou voye kèk nan fig yo ba li.**

In all these cases **nan** translates "of" because the reference is to a part of the whole.  Some (of all the) bananas.  Some (of all the) chickens.

When "some" comes before a singular word (some work, some cloth, some bread) instead of **kèk**, a word indicating a part or a piece must be used (**yon mòso, yon pati**).

> Please give me some bread.  **Tanpri ban mwen yon mòso pen.**

> Would you give me some water?  **Eske ou ta ban m' yon ti dlo?**

> Some of the area received rain.  **Yon pati nan zòn nan te jwen lapli.**

"Some" is often translated in Creole by **de** especially in a more general use like someone instead of some person.

> Some people never learn. **Gen de moun ki pa janm aprann.**

> Sometimes, some seeds sprout and the others don't. **Gen de fwa kèk gren jèmen lòt yo pa jèmen.**

Note that the difference between the general and the specific case is clearly brought out by the use of **gen de** in the former, and **kèk** in the latter case.

# Reading Exercises

## Tras nan sèvo.

Chak fwa ou fè yon bagay, sa kite tankou yon tras nan sèvo w'. Lè ou fè menm bagay la pliziè fwa, tras la vin pi fon. Se pou tèt sa tout bagay ou abitwe fè, ou fè l' pi fasil, paske bagay la gen chemen tou trase nan lespri ou.

Ou kapab mache san ou pa bezwen sonje ke w'ap mache. Pouki? Paske w' abitwe mache depi konbyen ane, sèvo ou bay manm ou lòd mache san ou pa konnen, sèlman ou vle mache, e ou wè w'ap mache.

Men, lè ou te ti moun, se pa t' menm bagay. Ou pa t' gen tras kon sa pare nan sèvo w'. Ou te bezwen fòme tras yo. Anvi mache a pa t' sifi. Pou chak aksyon ki gen nan mache, ou te oblije bay tèt ou yon lòd.

## Tracks in the brain (literal translation)

Each time you do a thing, it leaves as it were a track in your brain. When you do the same thing many times, the track becomes deeper. It is for that reason every thing you are accustomed to do, you do it more easily because that thing has its road all traced in your mind.

You are able to walk without your needing to think that you are walking. Why? Because you are accustomed to walking for so many years, your brain gives your members the order to walk without your knowing how, only you want to walk, and you see you are walking.

But when you were a child, it was not the same thing. You did not have such tracks prepared in your brain. Wanting to walk was not sufficient. For each action which is in walking you were obliged to give your head an order.

# Pwovèb 2

Pitit mwen, aprann sa m'ap montre ou la a. Chache pou ou pa janm bliye sa mwen di ou fè a. Se poutèt sa, louvri zòrèy ou pou ou tande sa moun ki gen sajès ap di ou. Chache konprann yo.

Pa janm sispann chache gen konesans. Mande pou ou gen bon konprann. Kouri dèyè konesans tankou moun k'ap kouri dèyè lajan. Chache konesans tankou moun k'ap chache lajan. Si ou fè tou sa, w'a konnen sa ki rele gen krentif pou Bondye. W'a resi konnen ki moun Bondye ye.

Se Seyè a ki bay konesans. Pawòl ki soti nan bouch li bay lespri ak konprann. Lè yon moun mache dwat, Seyè a ba li bon konsèy. Lè yon moun serye, li pwoteje l'. Li pwoteje moun ki pa fè lenjistis. Li pran defans moun ki kenbe fèm nan sèvis li.

Si ou koute m', w'a konnen ki jan pou ou mennen bak ou byen, ki jan pou ou pa fè lenjistis. W'a konnen ki jan pou ou mache dwat nan lavi. W'a konnen tout bon bagay ou dwe fè. Lè sa a, w'a gen bon konprann nan ou. W'a pran tout plezi ou nan konesans ou genyen.

Entèlijans ou p'ap kite anyen rive ou, konesans ou pral yon pwoteksyon pou ou. Yo p'ap kite ou fè sa ki mal. Yo p'ap kite moun k'ap fè bèl diskou pou twonpe moun pwoche bò kote ou. Moun sa yo, se moun ki kite chemen dwat la pou lage kò yo nan fènwa. Se moun ki pran plezi yo nan fè sa ki mal. Se moun ki kontan anpil pou wè mechanste lòt moun ap fè. Ou pa janm konnen kote ou ye ak moun sa yo, tout kò yo se plan...

Swiv egzanp moun debyen. Mache pye pou pye dèyè moun ki pa fè chemen kwochi. Paske se moun k'ap mache dwat yo ki pral rete nan peyi a. Se moun serye yo ki pral la. Men, Bondye ap disparèt mechan yo nan peyi a. L'ap rache moun k'ap fè sa ki mal yo tankou yo rache move zèb.

## Proverbs 2 (literal translation)

My child, learn that which I am teaching you here. Seek to never forget that which I tell you to do. Open, therefore, your ears to hear that which persons of wisdom are telling you. Seek to understand them.

Never stop seeking knowledge. Ask that you may have insight. Run after understanding like those who run after money. If you do these things, you will understand what it means to fear God. At last, you will come to know who God really is.

It is the Lord who gives knowledge. The words He speaks are wisdom and understanding. When a person walks upright, the Lord gives him good advice. When a person is serious, He protects him. He protects those who do no injustice. He defends those who hold firm in His service.

If you listen to me, you will know how to guide your ship well, how not to commit injustice. You will know how to walk upright in life. You will know all the good deeds that you should do. Then, you will have good understanding in you. You will take all your pleasure from the knowledge that you have.

Your wisdom will not permit anything to happen to you; your knowledge will be a protection for you. They will not permit you to do that which is evil. They will not permit those who make beautiful speeches in order to deceive people to approach you. Those persons are people who get their pleasure from that which is evil. They are people who are very pleased to see the wickedness others do. You will never know where you stand with such persons; they are full of conniving...

Follow the example of the righteous. Walk step by step behind those who do not take a crooked path. For it is those who walk upright who will be in the land. The honest ones are those who will remain. God will cause the wicked to disappear. He will uproot those who do evil as the weeds are uprooted.

# English to Creole Translations

| English | Creole | English | Creole |
|---|---|---|---|
| a | yon | accounting | kontablite |
| a few | de twa | accusation | akizasyon |
| a little | yon ti, ti kras | accuse | akize, blanmen |
| a lot | anpil, yon pakèt | ace | las |
| a pinch | yon ti kras | ache | doulè, fè mal (v) |
| a small quantity | yon ti gout | acolyte | anfannkè |
| a.m. | di maten | across | an travè |
| abandon | pati kite | act | zak, aksyon, jwe |
| abdomen | vant | | (actor), aji (v) |
| able | kapab | act as though | fè tankou |
| abnormal | pa nòmal | act cowardly | fè lach |
| aboard | abò | action | aksyon |
| abolish | desitire, sispann | active | aktif |
| abort | jete pitit, sispann | activity | aktivite |
| abortion | avòtman, | actor | aktè |
| | dilatasyon | actual | reèl |
| about | apeprè | adapt | adapte |
| | (quantity), | add | ajoute |
| | zalantou | add up | gen sans |
| | (place) | addition | adisyon |
| about ready | prèt pou | address | adrès, |
| above | pi wo pase | | adrese (v), |
| | (higher), an | | mete adrès (v) |
| | wo, anlè (up) | adhesive tape | adezif |
| abroad | lòtbò | adjust to | adapte |
| abscess | abse | admire | admire |
| absent | absan, pa la | admission fee | antre |
| absolutely | absoliman, | admit | admèt (to), |
| | konplètman | | aksepte, kite |
| absorbed | pèdi | | antre (in) |
| abundance | bondans | adopt | adopte |
| abuse | maltrete (v) | adult | granmoun |
| accelerator | akseleratè | adultery | adiltè |
| accept | aksepte, pran, | advance | avans, avanse, |
| | dakò (agree) | | vanse (v) |
| accident | aksidan | advantage | avantaj |
| accompany | akonpaye | adventure | avanti |
| accomplish | akonpli, fè | advertise | fè reklam |
| according to | dapre, selon | advertisement | reklam |
| accordion | akòdeyon | advice | konsèy |
| account for | rann kont | advise | bay konsèy (v) |
| accountable | responsab | | konseye (v), |
| accountant | kontab | adviser | konseye |

| | | | |
|---|---|---|---|
| affair | avanti, afè | alley | ale |
| affect | aji sou | allow | pèmèt, kite |
| afraid | pè | almond | zanmann |
| Africa | Afrik, Lafrik | almost | prèske |
| African | afriken | alone | pou kont, menm |
| afro | afwo | | sèl |
| after | apre | alongside | bò kòt |
| afterbirth | delivrans | aloof | apa, aleka |
| afternoon | apremidi | alphabet | alfabè, abese |
| aftertaste | move gou | already | deja, gen tan |
| afterwards | apre sa | altar | lotèl |
| again | ankò | although | kwake, byen ke |
| against | kont | altogether | tout ansam |
| age | laj, vyeyi (v) | aluminum | aliminyòm |
| agency | ajans | always | toujou |
| agenda | pwogram | ambassador | anbasadè |
| agent | ajan | ambiguous | pa klè |
| agitate | monte tèt | ambition | anbisyon |
| agreement | antant, dizon | ambulance | anbilans |
| agriculture | agrikilti, kilti | amen | amèn |
| agronomist | agwonòm | American | Ameriken |
| ahead | devan, an | among | pami, ant, nan |
| | anvan, pi | | tout |
| | devan | amount | valè, kantite |
| AIDS | SIDA, katach | amplifier | anplifikatè |
| aim | bi, vize (v) | amulet | potèj, poteksyon |
| air | lè | amuse | amize, fè ri |
| air conditioner | èkondisyone | an | yon |
| airplane | avyon | ancestor | zansèt |
| airport | ayewopò | anchor | lank |
| alarm | alam, sirèn | anchovy | janchwa |
| alarm clock | revèy | ancient | vye |
| album | albòm | and | e, epi |
| alcohol | alkòl | anemia | anemi |
| alcoholic | tafyatè | anesthesia | anestezi |
| alcoholic drink | bweson | angel | zanj |
| algae | limon (lanmè) | anger | kolè |
| align | fè aliman | angle | ang |
| alignment | aliman | angry | fache, an kòlè |
| alike | menm jan | animal | animal, bèt, |
| alive | vivan, an vi | | zannimo |
| all | tout | | (plural) |
| all around | toupatou, | animal hair | pwal |
| | toutotou | ankle | jwenti pye |
| All Saints' Day | Latousen | announce | anonse |
| all the time | tout tan | announcement | anons |

| | | | |
|---|---|---|---|
| announcer | espikè | April | avril |
| annoy | nwi, annwiye, anmède | apron | tabliye |
| | | archbishop | monseyè |
| annoying | anmègdan | architect | achitèk |
| annually | chak ane | area | zòn |
| another | lòt, yon lòt | argue | diskite |
| answer | repons, reponn (v) | argument | rezon (for), diskisyon (between) |
| ant | fomi | | |
| antenna | antèn | arid | sèk |
| anthill | nich fomi | arise | leve |
| anticipate | prevwa | arithmetic | aritmetik, kalkil |
| anus | tou dèyè, tou bounda | arm | bra, ponyèt, ame (v) |
| anxious | enkyè | armed | ame |
| any | nenpòt | armpit | anba bra |
| anybody | nenpòt moun | arms | zam (weapons) |
| anyhow | kanmenm | army | lame |
| anymore | ankò | around | apeprè (amount), zalantou (place), toutoutou (surround) |
| anyone | nenpòt moun | | |
| anything | nenpòt bagay, anyen | | |
| anytime | nenpòt lè | | |
| anywhere | nenpòt kote | | |
| apart | sou kote, a pa | around the clock | lajounen kou lannuit |
| apologize | mande padon | | |
| apology | eskiz | arrange | ranje |
| apostle | apot | arrest | arete |
| apparently | gen lè | arrive | rive |
| appear | samble, parèt | arrogance | pretansyon |
| appendix | apendis | arrow | flèch |
| appetite | apeti | arsenal | depo zam |
| applaud | bat bravo, aplodi | arthritis | fredi |
| applause | bravo | artichoke | aticho |
| apple | pòm | article | bagay, atik (in newspaper) |
| appliance | aparèy | | |
| application | aplikasyon | artist | atis, pent |
| apply | fè aplikasyon | as | konwè, kouwè, piske, tankou (the same as) |
| appoint | nonmen | | |
| appointment | randevou | | |
| appraise | fè estimasyon | as if | konmsi |
| apprentice | apranti | as long as | kòm |
| approach | apwoche | as of | patid |
| approve | dakò, apwouve | ash | sann |
| approximately | apeprè | ashamed | wont |
| apricot | abriko | ashtray | sandriye |

| English | Creole | English | Creole |
|---|---|---|---|
| aside | a pa, a kote | awkward | agòch, maladwat, malagòch, goch |
| ask | mande, poze | | |
| ask around | mande moun | | |
| asphyxiate | toufe | | |
| aspirin | aspirin | ax | rach |
| ass | deyè, bounda | axle | aks |
| assassin | asasen | babble | babye |
| assassinate | asasinen | baby | bebe, ti bebe |
| assault | daso, atak, pran daso (v) | baby bottle | bibon |
| | | back | do |
| assemble | rasanble, monte (object) | back on one's feet | sou de pye |
| assembly line | montay | back to back | youn dèyè lòt |
| assistance | èd | back up | fè bak |
| associate | asosye | backache | do fè mal |
| assurance | asirans | backbone | zo rèl do |
| assure | garanti, asire | backbreaking | fyèl pete |
| asthma | opresyon | backfire | tounen mal |
| at once | koulye a | backside | dèyè |
| at what time | ki lè | backwards | devan-dèyè, pa do |
| at which time | a ki lè | | |
| atmosphere | anbyans | bacon | bekonn |
| attach | mare | bad | move, pa bon |
| attack | atak, atake (v) | bad luck | devenn |
| attempt | tante, eseye | badly | mal |
| attend | asiste | bag | sak |
| attention | atansyon | bagasse | bagas (sugar cane pulp) |
| attorney | avoka | | |
| attract | atire | baggage | efè |
| audience | asistans | baggy | laj, flòk |
| August | daou | bail | jete dlo, jete |
| aunt | matant, tant | bait | lak, lake (v) |
| authority | otorite | baker | boulanje |
| automobile | oto, mashin | bakery | boulanjri |
| autopsy | otopsi | baking powder | bikabonnat, poud elevasyon |
| average | mwayènn | | |
| avocado | zaboka | | |
| avoid | evite | balance | ekilib, balans, balanse (v) |
| await | tann | | |
| awaken | leve, reveye | balance sheet | bilan |
| away | absan, pa la (absent), | balcony | balkon |
| | | bald | chòv |
| | | bale | bal |
| awhile | yon ti moman | ball | balon, boul, bal (danse), dans (danse) |

| English | Creole | English | Creole |
|---|---|---|---|
| balloon | blad | bathroom | watè, kabinè |
| ballot | bilten | batter | bimen (v) |
| bamboo | banbou | battery | batri, pil |
| banana | fig | battle | batay |
| band | djaz, (jazz or rock) | be able to | ka(b), kapab |
| | | be important | gen enpòtans |
| bandage | banday, pansman, bande (v) | be in a fix | antrave, mele, pran |
| | | be in hot water | nan poblèm |
| banjo | bandjo | be out of order | pa mache |
| bank | bank, labank, bò rivyè (river bank) | be patient | pran san ou |
| | | be up on | konnen |
| | | be worth | vo |
| bankbook | kanè | beach | plaj |
| banner | bandwòl | bead | grenn kolye |
| banquet | gwo resepsyon | beady | pich pich |
| banter | fraz | beak | bèk |
| baptism | batèm | beam | poto, reyon, travès |
| Baptist | batis | | |
| baptize | batize | bean | pwa |
| bar | ba | bear | lous, sipòte, donnen (v), pote (v) |
| barbed wire | fil fè | | |
| barber | kwafè | | |
| barber shop | kay kwafè | bear down | peze |
| bare | ni, touni, toutouni | bear offspring | fè |
| | | beard | bab |
| bareback | a pwal | beat | bat (v) |
| barefoot | pye atè | beautiful | bèl, mayifik |
| bargain | bon afè, bonafè, piyay, machande (v) | beauty | bèlte |
| | | beauty mark | siy |
| | | beauty shop | estidjo |
| bark | kòs, jape (v) | because | paske, pase |
| barrel | barik | because of | akòz |
| barren | branrany | become | vin, vini |
| base | baz, bounda | bed | kabann |
| basket | panye | bedbug | pinèz |
| basketball | baskèt(bòl) | bedlam | deblozay |
| bass | bas | bedridden | kouche |
| bass drum | kès | bedroom | chanm |
| baste | wouze | bedspread | kouvreli |
| bat | chòv-sourit (mammal) | bee | myèl |
| | | beef | bèf, vyann bèf |
| bath | beny, ben | beehive | nich myèl |
| bathe | benyen | beer | byè |
| bathing suit | kostim de ben, chòt de ben | beet | bètrav, bètwouj |
| | | beetle | vonvon |

| | | | |
|---|---|---|---|
| before | devan, anvan (time) | big shot | zotobre, gran nèg |
| beg | mande | big toe | gwo zòtèy |
| beggar | mandjan | bile | fyèl |
| begin | kòmanse, tanmen | bill | bil, bòdwo, fakti |
| | | billboard | pankad |
| behave | kondwi tèt | billiards | biya |
| behind | dèyè, an reta | bingo | bengo |
| behind someone's back | dèyè do yon moun | binoculars | lonnvi |
| | | bird | zwazo |
| | | birdbrain | sèvèl poul, ti tèt |
| believe | kwè | birth | nesans |
| belittle | desann | birth certificate | batistè |
| bell | klòch | birth control | planing |
| bell pepper | piman dous | birth-control pill | grenn planing |
| belly | vant | birthday | fèt |
| belong | pou, pa | birthmark | anvi |
| belongings | afè | biscuit | biskwit |
| below | anba | bishop | evèk, monseyè |
| belt | kouwa, senti | bit | moso, mèch (drill) |
| bench | ban | | |
| bend | koube | bit brace | vilbreken |
| bend down | bese | bitch | fenmèl chen |
| beneath | anba, an ba | bite | mòde (v) |
| benediction | benediksyon | bite fingernails | manje zong |
| benefit | avantaj, rapòte (v) | bite one's nails | manje zong |
| | | bitter | anmè |
| bereaved | an dèy | blabbermouth | djòl alèlè |
| beside | a kote | black | nwa |
| besides | anplis | blackboard | tablo |
| best | pi bon pase tout, pi bon, pi byen | blacken | nwasi |
| | | blackout | blakawout |
| best man | parenn nòs | blacksmith | fòjon, fòjwon |
| bet | paryay, parye (v) | bladder | blad pise |
| | | blade | lanm |
| betray | trayi | blame | blanmen, repwòch, bay tò (v) |
| better | pi bon, miyò, pi byen | | |
| | | bland | fad, san gou |
| between | mitan, nan | blank | blanch |
| beyond | pi lwen pase | blanket | lenn |
| bib | bavèt | bleach | blanchi (v) |
| Bible | Bib, Labib | bleed | senyen |
| biceps | bibi | blender | blenndè |
| bicycle | bekàn, bisiklèt | bless | beni |
| big | gwo, gran | bless you | Djebenis |
| big boss | gwo tèt | | |

| | | | |
|---|---|---|---|
| blind | avèg | bookstore | libreri |
| blindfold | bande je | boot | bòt |
| blink | bat je ou | booze | tafya |
| blinker | siyal | border | fontyè, fwontyè |
| blister | glòb, zanpoud | bore a hole | fè yon tou |
| bloated | anfle, gonfle | boring | raz |
| block | blòk, bare (v) | born | fèt |
| blood | san | borrow | prete |
| blood clot | san kaye | boss | bòs, patwon, |
| blood pressure | tansyon | | chèf |
| blood sausage | bouden | both | tou le de |
| blood vessel | venn | bottle | boutèy, mete |
| bloodshot | wouj | | nan boutèy (v) |
| bloom | fleri | bottle cap | bouchon |
| blouse | kòsay | bottle opener | kle kola |
| blow | kou, kout, | bottom | dèyè, anba, an |
| | mouche | | ba, fon |
| | (nose), souffle | bounce | mate |
| | (v), vante (v) | bounce back | reprann |
| blow down | jete | boundary | limit, bòn |
| blow out | touye | bouquet | bouke |
| blow up | eklate | bow | salye, koube (v) |
| blue | ble | bow tie | wozèt |
| blueprint | plan | bowl | bòl |
| blunt | kare | box | bwat |
| blush | wouji | box spring | somye |
| boar | koure (kochon) | boy | gason, bway |
| board | planch | boyfriend | mennaj |
| boarding house | pansyon | bra | soutyen |
| boast | vante (v) | bracelet | goumèt, braslè |
| boastful | djòlè | brag | fè djòlè |
| boat | batiman,bato | braggart | granchire |
| bobby pin | epeng cheve | braid | très, trese (v) |
| body | kò | brain | sèvèl, sèvo |
| body hair | pwèl | brake | frennen (v) |
| boil | klou, bouton, | brakes | fren |
| | bouyi (v) | branch | branch |
| bolt | boulon, takèt, | brand | tanpe (v) |
| | kout, | brand-new | tou nèf |
| | boulonnen (v) | brass band | fanfa |
| bomb | bonm | brass knuckles | fo pwen |
| bone | zo | brave | brav, kouraje |
| bonnet | bone, bonèt | bray | ranni |
| book | liv | brazier | recho |
| book cover | po liv | bread | pen |
| bookkeeper | kontab | | |

| | | | |
|---|---|---|---|
| breadfruit | lanm, lam veritab, veritab, lab veritab | buckle | bouk, boukle (v) |
| | | bud | boujon |
| | | buddy | bon zanmi |
| | | budge | bouje |
| breadfruit nut | labapin | bugle | klewon |
| break | poze, kraze (v), kase (v) | build | bati |
| | | building | kay, batiman |
| break a horse | donte | bull | towo |
| break away | pran devan | bulldozer | bouldozè |
| break down | defonse | bullet | bal |
| break off | kase | bump into | tonbe sou, kwaze ak |
| break open | kase | | |
| break up | kite | bumper | defans |
| breakdown | pàn, (machine) | bunch | rejim (bananas) |
| breakfast | ti dejene | bundle | voum, pake |
| breast | tete | bunion | kò, zobòy |
| breastbone | biskèt, zo biskèt | buoy | bwe |
| breast-feed | bay tete | burden | chay |
| breath | souf | burial | antèman |
| breed | ras | burlap | kolèt |
| breeze | ti van, van | burlap sack | sak kolèt |
| brick | brik | burn | pike (spicy), boule (v) |
| brick mason | bòs mason | | |
| bride | lamarye, zo nen (nose), pon (deck) | burp | degobye, wote |
| | | burst | eklate, pete |
| | | bury | antere |
| bridle | brid | bus | bis |
| briefcase | valiz | bus station | estasyon |
| bright | madre, klè, briyan | bus stop | stasyon |
| | | bushy | founi |
| brim | bouch, rebò | business | afè, okipasyon |
| bring | pote, mennen | busy | okipe |
| bring back | fè chonje | busybody | fouyapòt |
| brittle | frajil | but | men |
| broke | razè | butcher | bouche |
| bronze | bwonz | butt | deyè, bounda |
| broom | bale | butter | bè, bere (v) |
| brother | frè | butterfly | papiyon |
| brother-in-law | bòfrè | buttock | bò bounda |
| brown | mawon | button | bouton, boutonnen |
| brown sugar | sik wouj | | |
| brush | bwòs, bose (v), bòs | buttonhole | boutonnyè |
| | | buy | achte |
| brutal | brital | buyer | achtè |
| buck | ponpe (v) | buzz | boudonnen, kònen |
| bucket | bokit | | |

| | | | |
|---|---|---|---|
| by | bò, pa, a, bò kote | cap | kaskèt |
| | | capital | kapital |
| by hand | a la men | capsize | chavire |
| by heart | pa kè | capsule | grenn |
| by him/herself, | pou kont li | captain | kapitèn |
| cab | taksi | capture | kenbe, pran |
| cabbage | chou | car | oto, mashin, vwati |
| cable | telegram | | |
| cacao | kakawo | caramel | karamèl |
| cackle | kakaye, kodase | carbon paper | papye dekalke |
| Caesarean section | sezaryèn | carbonated | avèk gaz |
| | | carburetor | kabiratè |
| cage | kalòj | carcass | kakas |
| cahoots | konfyolo, nan konfyolo | card | kat |
| | | cardboard | katon |
| cake | gato | cards | kat |
| calculate | kalkile | care | swen, pwoblèm |
| calculator | kalkilatris | care for | okipe |
| caldron | gwo chodye | careless | neglijan |
| calendar | almanak | cargo | chajman |
| calf | molèt | carnival | kanaval |
| call | rele (v) | carpenter | ebenis, chapant |
| call for | mande pou | carpet | tapi |
| call out | rele | carrot | kawòt |
| callous | gen kè di | carry | pote |
| calm | trankil, kal | cart | kabwèt |
| calm down | kalme | casaba melon | melon frans |
| camera | kodak | case | kès, ka, pòch |
| camp | kan | cash | chanje (v), touché (v) |
| camphor | kanf | | |
| can | bwat, mamit (tin), met (v), ka (able), kab (able), kapab (able) | cash register | kès |
| | | cashier | kesye |
| | | casket | sèkèy |
| | | cassava | manyòk (root) |
| | | cassava bread | kasav |
| canal | kanal | cassava cake | bobori |
| cancel | anile | cassava flour | lanmidon |
| cancer | kansè | cassette tape | kasèt |
| candidate | kandida | cast a spell | voye mò |
| candle | bouji, balèn | castle | chato |
| candy | sirèt | castrate | chatre |
| cane | badin, baton | cat | chat |
| canister | kanistè | catch | atrap, pran |
| cannon | kanno | catch fire | pran dife |
| cantaloupe | melon frans | catch one's breath | pran souf ou |
| canteen | kantin | | |

| | | | |
|---|---|---|---|
| catch up to | jwenn ak\avè(k) | chase | pati dèyè, kouri |
| category | kategori | | dèyè |
| caterpillar | chèni | chassis | chasi |
| cathedral | katedral | chat | koze, koze (v) |
| Catholic | katolik | chauffeur | chofè, fè |
| catsup | kètchòp, sòs | | chofè (v) |
| | tomat | cheap | bon mache |
| cattle | bèt, betay, bèf | cheat | triche |
| cauliflower | chouflè | check | chèk, kawo |
| cause | koz, lakòz | | (square), |
| caution | prekosyon | | kontwole (v), |
| cave | kavèn, tou wòch | | tcheke (v), |
| ceiling | plafon | | gade (v) |
| celebrate | fè fèt | check out | kite |
| celebration | fèt | checkbook | kanè chèk |
| celery | seleri | checkerboard | damye |
| cell | kacho | checkers | damye |
| cement | siman | cheek | machwè |
| cemetery | simityè | cheer | bravo, |
| census | resansman | | aplodisman |
| cent | santim | cheese | fonmay, fwomaj |
| center | milye | cherry | seriz |
| century | syèk | chest | lestonmak, |
| ceremony | seremoni, sèvis | | pòtray, |
| certain | sèten, si | | pwatrin, kof |
| certificate | ak | | (trunk) |
| chain | chenn | chew | kraze, moulen, |
| chair | chèz | | bat bouch |
| chalk | lakrè | chew up | manje |
| chamber pot | pòtchanm, vaz | chewing gum | chiklèt |
| chameleon | aganman | chicken | poul |
| champion | chanpyon | chicken out | kraponnen |
| championship | chanpyonna | chicken pox | saranpyon |
| chance | aza, chans | chicory | chikore |
| change | chanjman, | chief | chèf |
| | chanje, ti | child | ti moun, pitit |
| | monnen | chill | fredi |
| | (money), | chimney | cheminen |
| | monnen | chin | manton |
| channel | kanal | chisel | biren |
| character | karaktè | chittlins | andwi |
| charcoal | chabon | chives | siv |
| charge | fonse sou (v) | chock | kore (v) |
| charity | charite, lacharite | chocolate | chokola |
| charm | wanga, fetich, | choice | chwa |
| | chame (v) | choir | koral |

| English | Creole | English | Creole |
|---|---|---|---|
| choke | trangle | climb | monte (up/in), |
| choose | chwazi | | desann (down) |
| Christian | kretyen | climb out | desann sot |
| Christmas | nwèl | climb over | pase sou |
| church | legliz, otanp, | cling to | kole |
| | tanp | clinic | klinik |
| cigar | siga | clip | taye (v) |
| cigarette | sigarèt | clitoris | langèt, klitoris |
| cigarette butt | pòy | cloak | manto |
| cigarette lighter | brikè | clock | revèy, òlòj, |
| cinch | sang | | pandil |
| cinder | sann | clock in | ponntye (antre) |
| cinnamon | kanèl | clock out | ponntye (soti) |
| circle | sèk, wonn | clogged | bouche |
| cistern | sitèn, basen | close (near) | pre, tou pre |
| citronella | sitwonnèl | close | fèmen (v) |
| city | lavil, vil | close at hand | prèt pou rive |
| civilize | sivilize | closed | fèmen |
| civilized | sivilize | clot | kaye (v) |
| claim | relclame (v) | cloth | twal |
| clamp down | sere boulon | clothes | rad |
| clandestine | anba chal | clothes hanger | sèso |
| clap | kout, bat | cloud | nway |
| | bravo (v), | cloudy | chaje |
| | aplodi (v) | clout | piston |
| clarinet | klarinèt | clove | jiwòf |
| class | kou, klas | clover | trèf |
| classroom | klas | club | chaplèt, |
| claw | grif | | kokomakak, |
| clean | ijenik, pwòp, | | bay |
| | netwaye (v), | | chaplèt (v), |
| | pwòpte (v) | | chaplete (v) |
| clean up | netwaye | clubs | trèf |
| cleanliness | pwòpte | clue | poul |
| clear | klè | clump | boul, touf |
| clear a passage | debouche | clumsy | agòch, |
| clear out | debarase | | maladwat, |
| clear up | eklèsi, regle | | malagòch |
| cleat | kranpon | clutch | klòtch |
| clench | sere, mare | coach | antrenè, |
| clerk | moun kap travay | | antrene (v) |
| | nan biwo | coalition | tèt ansanm |
| clever | entelijan, gen | coarse | gwo, gwosye |
| | lespri | coast | kot, larad, fè |
| client | pratik | | woulib (v) |
| cliff | falèz | coast guard | gadkòt |

| English | Creole | English | Creole |
|---|---|---|---|
| coat | palto, vès, kouch | commission | komisyon |
| | | committee | komite |
| coated | kouvri | common | òdinè |
| cock | kòk | common law marriage | plasay |
| cockfight | bat kòk | | |
| cockscomb | krèt | common sense | bon sans |
| coconut | kokoye | communion | lasentsèn |
| coconut bread | konparèt | company | konpayi, sosyete |
| coconut fiber | tach | compare | konpare |
| cod | lanmori, aransèl (salted and dried) | compartment | chanm |
| | | compass | konpa |
| | | compassion | pitye |
| coffee | kafe | competitor | konkiran |
| coffee sock | grèp | complain | fè plent, plenyen |
| coffeepot | kafetyè | complete | konplete (v), fini (v) |
| coffin | sèkèy | | |
| coil | mawonnen (v) | completely | toutafè, nèt, konplètman |
| coin | pyès | | |
| coincide | tonbe menm lè | complicated | konplike |
| coins | monnen | compliment | konpliman |
| cold | frèt, fredi, grip (illness) | complimentary | gratis |
| | | comply | respekte |
| collar | kole | component | pyès |
| collarbone | salyè, zo salyè | composure | sanfwa |
| collateral | garanti | compress | konprès |
| collect | rasanble, ranmase | computer | konpitè, òdinatè |
| | | conceal | sere |
| collection | kèt, lakolèt | conceited | sekwa |
| colonel | kolonèl | concern | tèt chaje, pwoblèm |
| colony | koloni | | |
| color | koulè, bay koulè (v) | conch | lanbi |
| | | conch shell horn | kòn lanbi |
| comb | peny, penyen (v) | conclude | deside |
| combat | konba | concrete | beton |
| combination lock | kadna sekrè | concrete slab | dal |
| combine | melanje | condemn | kondane |
| come | rive, vin, vini | condescending | odsidmoun |
| come back | retounen | condition | eta, kondisyon |
| come clean | bay verite a | condom | kapòt |
| come down with | pran | cone | kòne |
| come from | soti | confection | bonbon |
| come loose | delage | confess | konfese, admèt |
| come to | revini | confession | konfesyon |
| comfort | konsolasyon | confidence | konfyans |
| comfortable | alèz, dous | confidential | sekrè |
| commerce | komès | confuse | bouye |

| | | | |
|---|---|---|---|
| confused | bouye | copy | kopye (v) |
| confusion | kafouyay, twoub | cord | fisèl |
| congratulate | konplimante, fè konpliman | core | kè |
| | | cork | bouchon lyèj, lyèj |
| congratulations | konpliman | | |
| congress | lachanm | corn | kò, mayi |
| conjunctivitis | malozye | corncob | bougon (mayi), bwa mayi |
| connect | konnekte | | |
| connection | relyasyon | corner | kwen, fèmen (v) |
| conquer | venk | cornmeal | mayi moulen |
| conscience | konsyans | corporal | kaporal |
| conscious | gen konesas | corpse | kò, kadav |
| consciousness | konnesans | correct | korije (v) |
| consecutive | youn dèyè lòt, youn apre lòt | corrode | manje |
| | | corrupt | konwonpi |
| consider | kalkile, konsidere | cost | koute (v) |
| | | cot | kad |
| conspire | fè konplo | cotton | koton |
| constipated | konstipe | couch | fotèy |
| constipation | konstipasyon | cough | tous, touse (v) |
| constitution | konstitisyon | council | komite |
| construction | batisman | count | konte (v), gen enpòtans (v) |
| construction site | chantye | | |
| contact | kontak | counter | kontwa |
| contagious | atrapan | counterfeit | pa bo, fo |
| contain | kenbe | country | peyi |
| contaminate | kontamine | coup d'état | koudeta |
| contest | konkou | courage | kouraj |
| continue | kontinye | course | kou |
| contraband | kontrebann | court | tribinal |
| contract | kontra | cousin | kouzin (female), kouzen (male) |
| contraction | tranche | | |
| control | kontwòl | cover | kouvèti, po, kouvri (v) |
| conversation | pale, koze, kozman | | |
| | | cover for | kenbe pou |
| convert | konvèti | cover up for | sere pou |
| cook | kizinyè(z), kuit (v), fè manje (v) | covered | kouvri |
| | | cow | vach, bèf |
| | | coward | kapon |
| cooked | kuit | cowardly | lach |
| cookie | bonbon | cowboy | kòbòy |
| cool | fre | crab | krab |
| cooler (ice chest) | glasyè | crab louse\crabs | mòpyon |
| | | crack | fant, fele (v) |
| cope | sipòte | cradle | bèso |
| copper | kuiv | cramp | lakranp |

| | | | |
|---|---|---|---|
| crank | mannivèl | cup | tas, gode |
| crankshaft | chaf | | (metal) |
| crawfish | kribich | cupboard | bifèt, gad-manje, |
| crawl | rale, mache | | pantyè |
| crazy | fou | cupcake | kokonèt, |
| cream | krèm | | ponmkèt |
| creature | kreati | curdle | kaye |
| credit | kredi | cure | tretman, remèd, |
| creep | ranpe | | geri (v) |
| Creole | kreyòl | curfew | kouvrefe |
| crew | ekip | curious | kirye |
| crewcut | alabwòs | curl | bouklèt |
| crib | bèso | curler | woulo |
| cricket | krikèt | current | kouran |
| crime | krim | currently | koulye a |
| cripple | kokobe (v) | curse | madichon, |
| crippled | enfim, kokobe | | malediksyon, |
| critic | moun kap kritike | | di betiz (v) |
| criticize | kritike | cursor | kisè |
| crock | ja, dja | curtail | siprime |
| crooked | kwochi | curtain | rido |
| crop | kilti, rigwaz | curve | koub, fè yon |
| cross | kwa, kwaze (v), | | koub (v) |
| | travèse (v) | cushion | kousen |
| crossbeam | travès | cushy | dous |
| crossroad | kafou | cuss | joure |
| crotch | fouk | custodian | jeran |
| crouch | koupi | custom | koutim, abitid |
| crow | kaw (bird), | customer | kliyan, pratik |
| | kaw (v) | customs | ladwann |
| crowd | foul | cut | koupe |
| crown | kouwòn | cut down | koupe |
| crucifix | krisifi | cut off | koupe |
| crud | kouch, kras | cut out | dekoupe |
| crude | gwo soulye, | cyst | kis |
| | maledve | dab | ti kras |
| cruel | mechan | dagger | ponya |
| cruelty | mechanste | daily | chak jou |
| crumb | myèt | dam | barikad |
| crush | kraze | damage | dega, domaj, |
| crust | kwout | | domaje (v) |
| crutch | beki | damp | imid, mouye |
| cry | kriye (v) | dance | bal, dans, |
| cucumber | konkonm | | danse (v) |
| cuff | pwaye | dance floor | pis |
| | | dandruff | kap |

| English | Creole |
|---|---|
| danger | danje |
| dare | gen odas, oze, bay defi (v) |
| dark | nwa, fè nwa, fonse, sonm, bren |
| darkness | tenèb |
| dart (arrow) | flèch |
| dash | tirè |
| dashboard | dach |
| data | done |
| date | dat |
| daughter | pitit fi, fi |
| daughter-in-law | bèlfi |
| dawdle | mize |
| dawn | vanjou |
| day | jou, jounen |
| day and night | lajounen kou lannuit |
| daytime | lajounen |
| dead | mouri, mò |
| dead of night | gwo lannuit |
| deaf | soud |
| deal | ba, bay, ban |
| dear | cheri |
| death | lanmò |
| debt | dèt |
| decay | pouriti, pouri (v) |
| deceive | twonpe |
| December | desanm |
| decent | debyen |
| decide | deside |
| decision | desizyon |
| deck | pon |
| deck of cards | je kat |
| declare | deklare |
| decorate | dekore |
| deed | papye |
| deep | fon |
| deep pit | tchouboum |
| deep trouble | tchouboum |
| defeat | bat, kale, defèt |
| defend | defann |
| defense | defans |
| defiance | defi |
| definitely | san mank |

| English | Creole |
|---|---|
| deflate | pèdi van, retire van nan |
| deflect | devye |
| delay | mize, reta, mete anreta (v) |
| delete | retire |
| deliberately | espre |
| delicate | delika, frajil |
| deliver | delivre |
| delivery | akouchman |
| democracy | demokrasi |
| demonstrate | montre |
| demote | degrade, desann grad |
| denim | abako |
| denounce | denonse |
| dent | kolboso, fè kolboso (v) |
| dentist | dantis |
| dentures | atelye |
| deny | refize |
| department | depatman |
| depend | konte, depann |
| dependable | serye |
| deport | voye tounen |
| deposit | fè depo, depoze |
| depth | fondè |
| descend | desann |
| desert | pati kite, savann dezole, kite |
| deserve | merite |
| desire | dezi, vle, anvi (v), dezire (v) |
| desk | biwo |
| despair | dezespwa, dezespere (v) |
| despite | malgre |
| destiny | desten |
| destroy | detwi |
| detail | detay |
| deteriorate | vin pi mal |
| determination | volonte |
| determined | deside |
| devastate | kraze moral |
| develop | devlope |

| | | | |
|---|---|---|---|
| devil | dyab, satan | disaster | dezas |
| dew | lawouze | discard | jete |
| diamond | diaman | discharge | revokasyon, |
| diamonds | kawo | | revoke (v) |
| diaper | kouchèt | discharged | bay egzeyat |
| diarrhea | djare | discipline | disiplin, korije (v) |
| dibble | pens | discontinue | sispann |
| dictation | dikte | discourage | dekouraje |
| dictator | diktatè | discouraged | dekouraje |
| dictionary | diksyonnè, | discover | dekouvri, jwenn |
| | diksyonne | discuss | diskite, pale |
| die (dice) | zo (dice), | disease | maladi |
| | mouri (v) | disfigure | defigire |
| diesel | dizèl | disgrace | fè wont |
| diesel fuel | gazòy | disgust | degoutans, |
| differ | gen diferans, pa | | degoute (v) |
| | dakò | dish | pla, manje |
| different | lòt | dishes | vèsèl |
| differently | yon lòt jan | dishonest | malonnèt |
| difficult | difisil | dishpan | kivèt |
| dig | fouye | dishtowel | twal asyèt, |
| dig up | detere | | tòchon |
| dignitary | gwo chabrak | disk | dis |
| dilute | dekoupe | diskette | diskèt |
| dim | fèb | dislike | pa renmen |
| dimple | tou bote | dismiss | lage |
| dining room | salamanje | disorder | dezòd |
| dinner | dine, manje midi | disorderly | an dezòd |
| dip | plonje, | dispensary | dispansè |
| | tranpe (v) | display | expoze, |
| diploma | diplòm, sètifika | | espozisyon |
| dipstick | gedj | disqualify | elimine |
| direct | dirije (v) | dissolve | fonn |
| direction | sans | distant | lwen |
| directly | direk, tou dwat | distillery | gildiv |
| director | direktè | distinguish | rekonnèt |
| dirt | kras, salte | distract | fè distrè |
| dirt cheap | piyay | distribute | separe |
| dirt road | wout tè | district | distrik |
| dirty | sal | disturb | enmède |
| disagree | pa dakò | dive | plonje |
| disagreeable | dezagreyab, | divide | separe, pataje |
| | anmègdan | division | divizyon |
| disappear | disparèt | divorce | divòs, divòse (v) |
| disapprove | pa dakò | dizzy | toudi |
| disarm | dezame | do | fè |

| | | | |
|---|---|---|---|
| do business | fè afè | dream | rèv, reve (v) |
| do one's duty | fè devwa ou | drenched | mouye tranp |
| do one's homework | fè devwa ou | dress | wòb, abiye (v) |
| | | dress a wound | panse |
| dock | waf, kochte (v) | dressed up | bòzò, bwodè |
| doctor | doktè | dressing | pansman |
| document | papye | | (wound) |
| dodge | eskive | drift | drive |
| dog | chen | drill | fè egzèsis |
| doll | pope | drink | bwèson, bwè (v) |
| dollar | dola | drinking straw | chalimo |
| Dominican | dominiken, panyòl | drip | degoute |
| | | drive | kondwit, |
| Dominican Republic | Sendomeng | | mennen nan machin |
| dominoes | domino | drive someone crazy | fè fou |
| donkey | bourik | | |
| don't mention it | pa dekwa | driver | chofè |
| door | pòt | driver's license | lisans |
| doorstep | machpye | drizzle | farinen |
| doorway | papòt | drool | bave |
| dot | pwen | drop | gout, lage (v), |
| double arm width | bras | | kite tonbe (v), lese tonbe (v), |
| double chin | babin | | tonbe (v) |
| doubt | dout | drop by | pase |
| dough | pat | drop someone a line | fè de ling, fè de mo |
| dove | toutrèl | | |
| down | ba, an ba | dropper | konngout |
| downstairs | anba | drought | sechrès |
| downtown | lavil la | drown | neye |
| doze | kabicha | drug | dwòg |
| dozen | douzèn | drugstore | fanmasi |
| draft | kourandè, bouyon | drum | doum, droum, tanbou |
| drag | rale, trennen | drummer | tanbouyè |
| drag ones feet | trennen pye | drums | batri |
| dragonfly | demwazèl | drumstick | pye poul |
| drain | dren | drunk | sou |
| draw | fè potre (v), fè desen (v) | dry | sèk, chèch, sèch, seche (v), siye (v) |
| draw back | rale kò ou | | |
| draw in | fòse antre | | |
| drawback | pwoblèm | dry cleaner | dray |
| drawer | tiwa | dry off | siye kò ou |
| drawing | desen | dry one's eyes | siye je ou |

| | | | |
|---|---|---|---|
| duck | kanna | eczema | egzema |
| due to | a kòz, pou tèt | edge | arebò, rebò, bò |
| dugout canoe | bwafouye | educate | edike |
| dull | sonm | eel | zangi |
| dumb | sòt, bèbè | effort | efò |
| dumbfounded | bèkèkè | egg | ze |
| dump | boko fatra, | egg-beater | batèz |
| | depotwa, | eggplant | berejèn |
| | lage (v) | eight | uit |
| dumpling | bòy, doumbrèy | eighteen | dizuit |
| dung | kaka | eighty | katreven |
| dungeon | kacho | either | seswa, youn ou |
| dunk | tranpe | | lòt, swa, ni (or) |
| duplicate | doub | elastic | elastik |
| during | pandan | elbow | koud (bra), koud |
| dusk | labrin, solèy | elder | grandèt |
| | kouche, bren | eldest | lene, pi gran, |
| dust | pousyè | | premye |
| dwell upon | kalkile sou | election | eleksyon |
| dwelling | kay | electric | elektrik |
| dyke | madivinèz | electric wire | fil kouran |
| dysentery | kolerin | electrician | elektrisyen |
| e-mail | kouyè | electricity | kouran |
| | elektwonik, | electronic | elektwonik |
| | imel | elementary | lekòl primè |
| each | chak | school | |
| ear | zòrèy, zepi | eleven | onz |
| | (corn) | eliminate | elimine |
| ear wax | kaka zòrèy | elite | lelit |
| eardrum | tande zòrèy | elsewhere | lòt kote, yon lòt |
| earlobe | boul zòrèy | | kote |
| early | anvan lè, bonè | embarrass | anbarase, fè |
| earn | merite | | wont |
| earphone | kònè | embarrassment | wont |
| earring | zanno | embassy | anbasad |
| earth | latè, tè | embroider | bwode |
| earthquake | tranblemann tè | emery paper | papye emri |
| earthworm | vètè | employ | bay travay, |
| ease | kalme | | anplwaye |
| east | lès | employee | anplwaye |
| Easter | pak | employment | travay |
| easy | fasil, senp | empty | vid, vide (v) |
| eat | manje | empty-handed | de men vid |
| eater | manjè | enclose | mete |
| eavesdrop | koute anbachal | encounter | tonbe sou |
| echo | repete | encourage | ankouraje |

| | | | |
|---|---|---|---|
| encouragement | ankourajment | even if | menmsi |
| end | bout, pwent, fen | evening | swa, aswè, |
| endurance | rezistans | | leswa |
| endure | sipòte | event | evenman |
| enema | lavman | ever | janmen |
| enemy | lennmi | every | tout, tou, chak |
| energy | kouray | every bit | tout nèt |
| engaged | fiyanse | every now and | yon lè konsa |
| engine | motè | then | |
| engineer | enjennyè | everyone | tout moun |
| English | angle | everything | tout bagay |
| engrave | grave | everywhere | toupatou, tout |
| enjoy | pran plez, | | kote |
| | renmen | evict | degèpi |
| enlarge | agrandi | evidence | prèv |
| enough | ase, dekwa | evil | mal |
| enroll | enskri | ewe | fenmèl mouton |
| enter | antre | exactly | jis, won |
| enter someone's | vin nan tèt yon | examination | egzamen, |
| mind | moun | | konpozisyon, |
| entertain | anmize, | | konsiltasyon |
| | resevwa | | (medical) |
| entire | antye, tout | examine | kontwole, |
| entirely | nèt | | egzamine |
| entrance | antre | example | egzanp |
| envelope | anvlòp | except | eksepte, sòf |
| envy | jalouzi | excepting | anwetan |
| epilepsy | malkadi | excess | anplis, twòp |
| Epiphany | Lewa | exchange | chanje, twoke, |
| equal | egal, menm | | boukante (v), |
| equally | egal-ego | | echanje (v) |
| erase | efase | excite | eksite |
| eraser | chifon, gonm | excited | eksite |
| erect | kanpe, dwat, | excuse | eskiz, eskize (v) |
| | drèt | exercise | egzèsis, fè |
| erode | manje | | egzèsis (v), |
| err | fè erè | | egzèse (v) |
| errand | konmisyon | exhale | lage souf ou |
| erupt | pete | exhaust | kraze kò ou |
| escape | chape, sove | exhausted | bouke nèt, mouri |
| especially | sitou | exile | egzile |
| essence | esans (of | exist | egziste |
| | vanilla) | expel | desitire, mete |
| estimate | estimasyon | | deyò |
| evaporate | vante | expenses | depans |
| even | menm, kit | expensive | chè |

| | | | |
|---|---|---|---|
| experience | esperians | fan | evantay, |
| experiment | esperians | | vantitatè, |
| explain | esplike | | fanatik, |
| explanation | esplikasyon | | vante (v) |
| explode | eklate, sote | far | lwen |
| explore | egzamine | farm | abitasyon, fèm, |
| expose | expoze | | travay tè (v), fè |
| extension cord | alonj, ralonj | | kilti (v) |
| exterior | deyò | farmer | kiltivatè |
| extra | degi | far-sighted | pa wè pre |
| eye | je, zye | fart | pete, fè van |
| eyeball | boul je | farther | pi lwen |
| eyebrow | sousi | fascinating | enteresan anpil |
| eyelash | pwèl, plim | fashion | mòd, la mòd |
| eyelid | po je, pòpyè | fashionable | alamòd |
| fable | kont, istwa | fast | rapid, vit |
| fabric | twal | fast asleep | nan fon sonmèy |
| face | figi, bay sou (v), | fasten | tache |
| | gade (v) | fat | gra |
| face down | fas anba | fate | desten |
| factory | faktori, izin | father | papa |
| fade | blaze | father-in-law | bòpè |
| fag(got) | masisi | fatten | angrese |
| faint | endispoze, fè | faucet | tèt tiyo, wobinèt |
| | endispozisyon, | fault | fòt, defo |
| | pèdi | favor | favè |
| | konnesans | favoritism | paspouki |
| fainting spell | endispozisyon | fear | pè, perèz |
| fair | klè, jis | fearful | krentif |
| faith | lafwa | fearless | pa pè anyen |
| faithful | fidèl | feasible | ka fèt, posib |
| fake | fo | feast | fèt, babako |
| fall | so, otòn, | feather | plim |
| | tonbe (v) | February | fevriye |
| fall behind | gen reta | feces | poupou |
| fall for | tonbe pou | fed up | bouke |
| fall off | sot tonbe | feeble | fèb |
| false | fo | feed | manje bèt, bay |
| false teeth | fo dan | | manje (v) |
| familiar | òdinè, abitye | feel | santi, |
| family | fanmi | | manyen (v), |
| family name | non | | santi (v) |
| famine | grangou | feel up to | santi ou kapab |
| famous | fame | female | femèl, fi |

| English | Creole | English | Creole |
|---|---|---|---|
| fence | kloti, lantiray, bare (v), klotire (v) | firm | fèm, konpayi, solid |
| fend for oneself | degaje ou pou kont ou | first | premye |
| | | first name | prenon |
| fender | zèl | fish | pwason, peche (v) |
| fertilizer | angrè | fish trap | nas |
| fetish | wanga, fetich | fisherman | pechè |
| feud | ying-yang | fishhook | zen |
| fever | lafyèv | fishing | lapèch |
| few | kèk | fishy | dwòl, pa klè |
| fiancé(e) | fiyanse | fist | pwen |
| field | jaden, tè | fit | anfòm, ajiste |
| fierce | fewòs, move | fit as a fiddle | anfòm kou yon bas |
| fifteen | kenz | | |
| fifty | senkant | fitting | nòmal |
| fight | goumen (v) | five | senk |
| figment of someone's imagination | nan tèt yon moun | five cents | senk kòb |
| | | fix | ranje |
| | | flabbergasted | rete bèkèkè |
| figure | chif, kalkile (v) | flag | drapo |
| file | lim, limen (v), klase (v) | flagpole | ma drapo |
| | | flame | flanm |
| fill | plen | flank | koulin |
| fill a tooth | plonbe | flap | bat (nan van) (v) |
| fill in | bouche | flash | flach, fè yan (v) |
| fill in for | kenbe pou | flashlight | flach |
| film | fim | flat | plat |
| filter | filt, koule (v) | flatten | plati |
| filth | salte | flavor | gou |
| fin | zèl | flaw | defo |
| final | dènye | flea | pis |
| finally | anfen | flee | sove |
| find | jwenn | flesh | chè, nannan, vyann |
| fine | amann, fen | | |
| finger | dwèt | flight | etaj, vòl |
| fingernail | zong | flinch | brennen |
| finish | fini, kaba | fling | avanti |
| finished | fini, kaba | flint | pyè brikè |
| fire | dife, revoke (v), tire (v) | flint stone | pyè |
| | | flipped left and right | dwat e gòch |
| fire engine | machin ponpye | | |
| fire station | kazèn ponpye | float | flote, ret sou dlo |
| firecracker | peta | floor | atè, planche |
| firefly | koukouy | flour | farin, farin frans (white) |
| fireman | ponpye | | |

| | | | |
|---|---|---|---|
| flow | koule | forget | bliye |
| flower | flè | forgive | padonnen |
| flu | grip | forgiveness | padon |
| fluid | likid | fork | fouchèt |
| flunk | koule | | (tableware), |
| flute | flit | | fouch (other |
| fly | mouch, bragèt, | | than |
| | vole (v) | | tableware) |
| fly off the handle | pete yon kòlè | form | fòm, fòme (v) |
| foal | poulich | former | ansyen |
| foam | kim, kimen (v) | fortunate | ere |
| fog | bouya | forty | karant |
| fold | pliye | forward | avans, an'n |
| folder | katab | | avan |
| follow | suiv | foundation | fondasyon |
| food | manje, nouriti | four | kat |
| fool | egare, moun sòt | fourteen | katòz |
| fool around | ranse | fourth | ka, katriyèm |
| fool oneself | pete tèt | fragile | frajil |
| foolish | gaga | fragrance | sant,odè |
| foolishness | betiz | frame | ankadreman, |
| foot | pye | | antrave (v), |
| footprint | mak pye | | mete sou (v) |
| for | pou | framework | pati chapant |
| for certain | sèten, serye | frank | kare |
| for free | pou granmesi | freckled | takte |
| for good | pou toutbon | free | granmesi, lib, |
| for long | lontan | | gratis, lage (v), |
| for nothing | pou granmesi | | bay libète (v) |
| for someone's | pou byennèt yon | freedom | libète, dwa |
| own good | moun | freight | machandiz |
| for the moment | pou kounye a | French | franse, frans |
| forbid | defann | frequent | dri, ki fèt |
| force | fòs, fòse (v), | | souvan, rapid |
| | oblije (v) | frequently | souvan |
| ford | pas | fresh | fre, kri |
| forehead | fon | Friday | vandredi |
| foreign | etranje | fried | fri |
| foreigner | etranje | friend | zanmi, konpè, |
| foreman | fòmann | | makonmè |
| foresee | prevwa | frighten | fè pè |
| forest | forè, rak bwa | fringe | franj |
| forever | toujou, pou tout | frog | krapo |
| | tan | from head to | depi nan pye jis |
| forewarn | prevwa | foot | nan tèt |
| forge | fòj | from now on | apatandojodi |

| | | | |
|---|---|---|---|
| front | devan | gather | rasanble, |
| frontier | fwontyè | | sanble, |
| frozen | glase | | ranmase |
| fruit | fwi, donnen (v) | gather fruit | keyi |
| fry | fri | gaudy | djandjan |
| frying pan | pwelon | gauze | twal gaz |
| full | plen | gear | vitès |
| full and | plen jouk nan | gearshift | levye |
| overflowing | bouch | general | jeneral, jal |
| full well | byen pwòp | generator | dèlko, mayeto |
| fun | amizman, plez, | generous | donan, jenere |
| | distraksyon | genitals | afè, pati |
| funeral | antèman | gentle | dou, janti |
| funnel | antònwa | gentleman | mesye |
| fur | pwal | gently | dousman |
| furnish | founi | germ | mikwòb, jèm |
| furniture | mèb | German | alman |
| fuse | fyouz | germinate | jèmen, parèt, |
| fussy | rechiya | | leve |
| future | avni | gesture | fè siy (v), siy |
| gal | nègès | get | jwenn, gen, pran |
| gale | gwo van | get by | pase, degaje |
| gall bladder | fyèl | get even | pran yon moun |
| gallon | galon | get one's hands | met men sou |
| gallop | galope | on | |
| galvanized | tòl | get out | lage |
| roofing | | gift | kado, don |
| gamble | jwe aza (v), | giggle | ri pou kont ou |
| | chans | ginger | jenjanm |
| gamble with | jwe ak | girdle | gèn |
| gambler | azaryen | girl | fi, pitit fi, ti fi |
| game | jwèt, jibye | girlfriend | mennaj |
| gang | bann | give | ba, bay, ban |
| gap | twou, fant | give away | fè kado |
| garage | garaj, remiz | give back | remèt |
| garbage | fatra | give notice | avèti |
| garden | jaden, fè | give oneself up | rann tèt ou |
| | jaden (v) | give out | separe |
| gargle | gagari | give up | abandonnen |
| garlic | lay | given | etan |
| gas | gaz | gizzard | zizye |
| gas station | estasyon gazolin | glad | kontan |
| gas tank | tank gaz | glass | vit, vè |
| gasoline | gazolin | glasses | linèt |
| gate | baryè, pòtay | glory | glwa, laglwa |
| | | glove | gan |

| | | | |
|---|---|---|---|
| glow | klere | gourd bowl | kwi |
| glue | lakòl, kole (v) | govern | gouvènen |
| glutton | saf | government | leta |
| gluttony | safte | grab | rape |
| gnat | bigay | grace | gras |
| gnaw | wonyen | grade | klas, nòt |
| go | ale | gradually | piti piti |
| go away | ale | graduation | pwomosyon |
| go back | tounen, | graft | grefe |
| | retounen | grain | grenn |
| go blind | vin avèg | grand | mayifik, gwo |
| go down | dezanfle, pèdi | grandchild | pitit pitit |
| | valè | grandfather | granpapa |
| go into | anter, antre nan | grandmother | grann |
| go on foot | ale a pye, rale | grape | rezen |
| | sou pye | grapefruit | chadèk |
| go out | soti | grapevine | pye rezen, |
| go through | pase | | radyodyòl |
| go to bed | kouche | grass | zèb, gazon |
| go to the dogs | tonbe nèt | grasshopper | chwal bwa |
| go to waste | gaspiye | grassland | savann |
| go together | mache ansanm | grate | graje (v), |
| go with | mache avèk | | rape (v) |
| go wrong | fè erè, pase mal | grate on | siye dan yon |
| goal | bi, gòl | someone's | moun |
| goalie | gadyen | nerves | |
| goat | kabrit | grater | graj |
| God | Bondye | gratitude | rekonnesans |
| godchild | fiyèl | gratuity | poubwa |
| godfather | parenn | grave | grav, fòs |
| godmother | marenn | grave digger | foseyè |
| gold | lò | gravel | gravye |
| gonorrhea | grantchalè | gravy | sòs |
| good | bon | gray | gri |
| good day | bonjou | grease | grès, grese (v) |
| Good Friday | Vandredi Sen | great | gran, gwo |
| good morning | bonjou | greedy | visye |
| good-bye | orevwa, babay | green | vèt |
| goods | machandiz, | green bean | pwa tann |
| | byen | greens | fèyay |
| goose | zwa | greet | akeyi, salye |
| goose bumps | chèdepoul | grill | gri, griye (v) |
| Gospel | levanjil | grilled meat | griyad |
| gossip | tripotay, fè | grin | griyen |
| | tripotay (v) | grind | moulen |
| gourd | kalbas | grind one's teeth | manje dan |

| | | | |
|---|---|---|---|
| grinder | moulen | ham | janbon |
| grindstone | mèl | hamburger | anmbègè |
| grit one's teeth | sere dan ou | hammer | mato |
| grog | gwòg | hammock | ranmak |
| grope | tatonnen | hamper | kontrarye |
| ground | tè, moulen | hand | men, koutmen |
| groundless | san prèv | hand brake | brek |
| grounds | ma | handcraft | atizana |
| group | gwoup | handcuff | minote (v) |
| grow | pouse | handcuffs | menòt |
| growl | gwonde | handful | ponyen |
| grown-up | granmoun | handgun | revolvè |
| grubby | sal | handicapped | kokobe |
| grudge | kont | handkerchief | mouchwa |
| grumble | babye | handle | manch, |
| gauge | gedj | | manyen (v) |
| guarantee | bay asirans (v), | handlebars | gidon |
| | bay garanti (v) | handout | lacharite |
| guard | gad, veye (v) | handsaw | goyin |
| guava | gwayav | handshake | lanmen |
| guess | devine (v) | handwriting | ekriti |
| guest | envite | hang | pann, pandye, |
| guide | gid, mennen(v), | | koke |
| | kondwi | hang around | drive |
| guilty | koupab | hang around | mache avèk |
| guinea fowl | pentad | with | |
| guinea pig | kochondenn | hang oneself | pann tèt |
| guitar | gita | hangover | mal makak |
| gulp | gobe | happen | rive |
| gum | gonm, jansiv | happy | kontan, satisfè |
| gun | fizi | harbor | pò, larad |
| gunshot | bal tire, kout fizi | hard | di |
| guts | trip | hard drive | dis lou |
| gutter | rigòl, dal | hard hearted | gen kè di |
| guy | nèg | harden | vin di |
| habit | abitid, koutim | hardly | apèn, prèske pa |
| hacksaw | si a meto | hardship | difikilte |
| hail | lagrèl | harm | fè mal |
| hair | cheve | harmonica | amonika |
| hair net | filè | harness | kipay, lekipay |
| Haiti | ayiti, haïti | harsh | di |
| Haitian | ayisyen | harvest | rekòlt, rekòlte (v) |
| half | demi, mwatye | hasp | kouplè, kouplè |
| half-liter | demi lit | | kadna |
| halfway | mwatye | hassle | tèt chaje |
| hallway | koulwa | hat | chapo |

| English | Creole |
|---|---|
| hatch | kale (v) |
| hate | rayi |
| haughtiness | pretansyon |
| haunted | ante |
| have | genyen, gen |
| have a baby | fè yon pitit |
| have a chip on one's shoulder | sou kont |
| have a mind to | gen lide |
| have eyes in the back of one's head | gen je nan do |
| have sex | fè bagay |
| have something on | konn sou |
| have the hots | chofe nan dèyè |
| having vices | visye |
| hawk | malfini |
| hay | zèb chèch |
| he | li |
| head | tèt |
| headache | maltèt, tèt-fè-mal, modtèt |
| headboard | tèt kabann |
| headlight | limyè machin |
| head start | gabèl |
| heal | geri (v) |
| health | sante, lasante |
| heap | pil |
| hear | tande |
| hearse | kòbiya |
| heart | kè |
| heart attack | kriz kè |
| heart of stone | kè di |
| heartburn | zègrè |
| heat | chalè, chofe (v) |
| heat rash | bouton chalè, chofi, lota, tife, bann chalè |
| heaven | syèl |
| heavy | lou |
| heel | talon |
| heifer | gazèl |
| height | wotè |
| helicopter | elikoptè |
| hell | lanfè |

| English | Creole |
|---|---|
| hello | alo |
| helmet | kas |
| help | anmwe, konkou, ede (v), bourad |
| hem | woulèt, fè woulèt (v) |
| hemorrhage | emoraji |
| hemorrhoid | emowoyid |
| hen | manman pou |
| her(s) | li |
| herbal tea | tizan |
| here | isi, isit, la, prezan |
| here is\are | men |
| hernia | madougoun, maklouklou, èni |
| herring | aran |
| hers | pou li, pa li |
| hesitate | ezite |
| hibiscus | choublak |
| hiccup | òkèt |
| hide | kache (v), po bèt |
| high | wo |
| high noon | gwo midi |
| high school | segondè |
| higher than | pi wo pase |
| hike | pwomnad |
| hill | mòn |
| hillbilly | nèg mòn |
| him | li |
| hinder | jennen |
| hinge | kouple, gon |
| hip | ranch |
| his | pa li, pou li |
| hit | frape (v), bay kou |
| hitch a ride | pran yon woulib |
| hoard | sere |
| hoarse | anwe |
| hobble | bwete, rale sou pye |
| hock | mete nan plàn |
| hoe | wou, sekle ak wou (v) |

| English | Creole |
|---|---|
| hog | kochon |
| hoist | ise |
| hold | kenbe, kal bato |
| hole | tou |
| holiday | fèt, vakans |
| hollow | vid, kre |
| holster | pòch |
| holy | sakre, sen |
| Holy Spirit | Sentespri |
| Holy Week | semenn sent |
| home, at home | lakay |
| homeland | peyi pa |
| homework | devwa |
| homosexual | masisi, madoka, desiskole |
| honest | onèt |
| honey | siwo myèl, cheri |
| honk | klaksonnen |
| honor | lonè |
| hood | kapòt motè, kagoul |
| hoodlum | brigan |
| hoof | zago |
| hook | zen, kwochèt, kwòk |
| hooky | woul |
| hope | espere (v), espwa, lespwa |
| hopscotch | marèl |
| horizontal | plat, kouche plat |
| horn | kòn, klaksonn |
| horse | chwal, cheval |
| horse-shoe | fè |
| hose (stocking) | ba |
| hose (for water) | kawoutchou |
| hospital | lopital |
| hospitalize | entène |
| host | mèt kay, losti |
| hot | cho, pike |
| hotel | otèl |
| hour | lè, è |
| housekeeper | bòn |
| how | ki jan, kouman |
| how far | jis ki bò, jis ki kote |
| how many | konbyen |
| how much | konbyen |
| however | sepandan |
| hub | mwaye |
| hubcap | kapo wou |
| hug | anbrase (v) |
| hull | kòk bato |
| human being | kretyen vivan |
| humble | san pretansyon, abese (v) |
| humid | imid |
| humiliate | fè wont |
| hummingbird | wanga nègès, zwazo wanga |
| humor | imè |
| hump | bòs |
| hunch | lide |
| hunchback | bosi, do bosi |
| hundred | san |
| hunger | grangou |
| hungry | grangou |
| hunt | lachas, chase (v) |
| hunter | chasè |
| hurricane | siklòn |
| hurry | prese (v), fè vit (v) |
| hurt | fè mal |
| husband | mari |
| husk | pay |
| hymn | kantik, chan |
| hypocrite | ipokrit |
| I | mwen |
| I beseech you | tanpri |
| ice | glas |
| ice box | glasyè |
| ice cream | krèm |
| ice cube | glason |
| ice pick | pik |
| ice water | dlo glase |
| ice-cold | byen frape |
| iced | glase |
| ID card | kat didantite |
| idea | lide |
| identity | idantite |
| idiot | egare, bègwè, moun sòt |

| | | | |
|---|---|---|---|
| idle | flanen (v) | in spite of | malgre |
| idler | flannè | in the air | sou nou |
| if | si | in the wink of an | anvan ou bat je |
| if I were you | si m' te ou | eye | ou |
| ignore | meprize, pa | in trouble | chire, gen |
| | okipe | | pwoblèm |
| ill | malad | incense | lansan |
| illegitimate | dèyò | inch | pous |
| illness | maladi | inconvenience | deranje (v) |
| imagine | imajine, kwè | increase | ogmante (v), fè |
| imitate | imite | | vini pi gran |
| immediately | toutswit | indeed | toutbon, annefè |
| immense | gran, gwo anpil | indefinitely | pou tout tan |
| immersed | koule, kouvri ak | independence | endepandans |
| | dlo | independent | endepandan |
| immigration | imigrasyon | index finger | dwèt jouda |
| immunize | vaksinen | indigestion | gonfleman |
| impertinent | frekan | indigo | digo |
| imply | vle di | individual | moun |
| impolite | maledve | indoor | anndan |
| importance | enpòtans | industry | endistri |
| important | enpòtan | inexpensive | pa chè |
| impression | enpresyon | infect | bay maladi |
| imprison | fèmen nan | infectious | atrapan |
| | prizon | infested | chaje |
| improve | amelyore | inflamed | wouj |
| impurity | salte | inflate | bay van |
| in | nan, lan, an | inflate ones' ego | monte tèt |
| in a row | youn dèyè lòt | influence | enfliyans, piston |
| in advance | alavans | influential friend | moun pa |
| in any case | antouka, tout jan | inform | bay nouvèl, fè |
| in back | dèyè a | | konn |
| in broad daylight | gwo lajounen | inform on | denonse |
| in charge of | anchaje | information | enfòmasyon |
| in fashion | a la mòd | ingrown nail | zong nan chè |
| in favor of | an favè, dakò | inhabitant | moun |
| in front of | devan, anfas | inhale | aspire, rale |
| in hiding | mawon | inherit | eritye |
| in mourning | an dèy | inheritance | eritay |
| in no uncertain | kareman | inhibited | jennen |
| terms | | initiate | inisye |
| in order to | pou | injection | piki |
| in other words | sa vle di | injure | blese |
| in shape | anfòm | injustice | abi |
| in someone's | nan plas yon | ink | lank |
| place | moun | in-law | bò |

| | | | |
|---|---|---|---|
| innards | zantray | intestine(s) | trip |
| innocent | inosan | intimidate | kraponnen, |
| inquire | pran ranseyman | | kaponnen |
| insane | fou | intimidation | kaponnay, |
| insect | bèt, ti bèt | | kraponnay |
| insert | foure | into | nan |
| inside | ann dan, | introduce | prezante |
| | anndan | invade | anvayi |
| inside out | lanvè | invent | envante |
| insinuate | vle di | inventory | envantè |
| insist | ensiste | invitation | envitasyon |
| instantaneous | menm kote (a) | invite | envite |
| insistent | pèsistan | involved | annafè, konplike |
| insolence | radiyès | iron | fè, pase (v), |
| insolent | derespektan, | | repase (v) |
| | radi, maledve | ironing board | planchèt |
| install | mete | irrigate | wouze |
| installment | vèsman | irritate | enmède |
| instant | moman | irritating | anmègdan |
| instantly | menm kote a | island | il, zil |
| instead | alaplas de, olye, | it | sa, li |
| | pito | it is | se |
| instructions | lòd | itch | gratèl, lagratèl, |
| instrument | enstriman | | grate (v) |
| insufficient | pa ase | its | pou li |
| insult | ensilte (v), | jack | djak |
| | derespekte | jack fish | karang |
| insurance | asirans | jackpot | gwo lo |
| insure | asire | jail | prizon, mete nan |
| intelligence | lespri | | prizon (v) |
| intelligent | entelijan | jam | konfiti |
| intend | fè lide, gen lide | jammed up | tou kole ak |
| intention | entansyon | against | |
| intentionally | espre | January | janvye |
| interest | enterè | jar | bokal |
| interested | enterese | jasmine | jasmendawi |
| interesting | enteresan | jaundice | lajònis |
| interfere | mele | jaw | machwè |
| interference | bouyay | jealous | jalou |
| international | entènasyonal | jealousy | jalouzi |
| Internet | entènèt | jeep | djip |
| interrupt | entewonp, | jeer | chalbari, bat |
| | deranje | | chalbari dèyè |
| intersection | kafou | jelly | jele |
| interview | entèvyou, fè | jerk | enferyè |
| | entèvyou (v) | Jesus | Jezi |

| English | Creole | English | Creole |
|---|---|---|---|
| Jew | jwif | kill | touye |
| jewelry | bijou | kin | fanmi |
| jingle | sonnen | kind | janti, mòd, kalite |
| jinx | devenn, lage devenn sou (v) | kindness | bonte |
| | | king | wa |
| job | djòb, travay | kingdom | wayòm |
| join | antre nan, mete ansanm, fè jwen, jwenn | kipper | aransò |
| | | kiss | bo |
| | | kitchen | kizin, lakizin |
| joint | jwen, jwenti | kitchenware | batri kizin |
| joke | blag, bay blag (v) | kite | kap, sèvolan |
| | | kitten | ti chat |
| joker | jokè | knee | jenou |
| journalist | jounalis | kneel | met a jenou |
| joy | jwa | knife | kouto |
| judge | jij, jije (v) | knob | bouton |
| judgment | jijman | knock | frape |
| juice | ji | knock oneself out | touye tèt ou |
| July | jiyè | | |
| jump | sote | knock someone out | fè dòmi |
| jump rope | sote kòd | | |
| jump to it | depeche ou | knock-kneed | kounan |
| June | jen | knot | ne |
| junk | batanklan | know | konnen |
| jurisdiction | kontwòl | know how | konnen |
| just | sèlman, jis | know of | konnen |
| just as | menm jan | know to | konn |
| justice | jistis | knuckle | jwenti dwèt |
| justification | rezon | label | etikèt, make (v) |
| keel | ki | labor union | sendika |
| keep | kenbe, gade bèt | lace | dantèl |
| keep an eye on | voye je sou | lacking | manke |
| keep one's eyes peeled | kale je ou | ladder | nechèl |
| | | ladle | louch |
| kettle | bonm, kastwòl | lady | dam, madanm |
| key | kle | lake | lak, letan |
| keyboard | klavye | lampshade | abajou |
| keyhole | tou pòt | land | tè, ateri (v) |
| kick | kout pye, bay kout pye (v), voye pye (v), choute (v) | landslide | lavalas |
| | | language | lang |
| | | lantern | fannal |
| | | lard | mantèg |
| kid | timoun, pitit | large quantity | voum |
| kid oneself | pete tèt ou | larynx | gagann |
| kidney | ren | last | dènye, dire (v) |
| kidney bean | pwa wouj | last name | siyati |

| English | Creole | English | Creole |
|---------|--------|---------|--------|
| latch | kochte, take (v) | Lent | Karèm |
| late | an reta, ta | leprosy | lèp |
| later | pita | lesbian | madivinèz |
| latest | dènye | less | mwens |
| lather | kim | lesson | leson |
| laugh | ri | let go | lage |
| laughter | ri | let off | lage |
| laundry hamper | panye rad sal | let out | lage |
| law | lalwa, lwa | let someone down | lage |
| law firm | kabinè | | |
| law suit | pwose | let someone know | fè konnen |
| lawn | gazon | | |
| lawn-mower | tondèz | letter | lèt |
| laxative | metsin | lettuce | leti |
| lay | ponn, poze | level | nivo, aplanni (v), planni (v) |
| lay down (put down) | depoze | | |
| | | liar | mantè |
| laziness | parès | liberty | libète |
| lazy | parese | library | bibliyotèk |
| lead | mennen (v), kondwi (v), pran devan (v), plon | license | lisans, patant |
| | | license plate | plak |
| | | lick | niche |
| | | lid | kouvèti |
| leader | chèf | lie | manti, bay manti (v), fè manti (v) |
| leaf | fèy | | |
| leak | koule (v), vwadlo | | |
| | | lie down | kouche |
| lean | panche, mèg, apiye (v) | lieutenant | lyetnan |
| | | life | lavi, vi |
| learn | aprann | lifetime | lavi, vi |
| lease | fèm | lift | woulib (ride), leve (v) |
| least | pi piti | | |
| leather | kui | light | limyè, lejè, pal, limen (v) |
| leave | kite, pati (v), mouri kite (v), konje | | |
| | | light as a feather | lejè tankou yon pay |
| lecture | konferans | light bulb | anpoul |
| leech | sansi | lighten | soulaje, fè pi pal |
| left | goch | lightening | zeklè |
| left-handed | goche | lighthouse | fa |
| leftover | rès, rèskiyè | lightly | konsa konsa |
| leg | janm | like | renmen, konwè, tankou |
| leg of meat | jigo | | |
| lend | prete | like it or not | vle pa vle |
| length | longè | likeable | emab |
| lens | vè | lima bean | pwa tchous |

| | |
|---|---|
| limb | manm, branch |
| lime | sitwon, lacho |
| limeade | sitwonad, limonnad |
| limit | limit |
| limp | bwete (v), fennen |
| line | liy, ran, fil |
| liner | doubli |
| lining | doubli |
| link | may |
| lips | lèv, po bouch |
| lipstick | fa |
| liquid | likid |
| liquor | tafya |
| list | lis |
| listen | koute |
| lit up | klere |
| liter | lit |
| litter | fatra |
| little | piti, ti |
| live | rete, viv (v) |
| liver | fwa |
| living | vivan |
| living room | salon, lasal |
| lizard | mabouya |
| load | chay, chajman, mete (v) |
| loaded | chaje |
| loaf | pen, kalewès (v) |
| lobster | wonma |
| lock | seri, lòk (v), bloke (v), fèmen a kle (v) |
| lock someone out | fèmen deyò |
| locked | fèmen |
| loft | galata |
| lollipop | piwili |
| long | long, lontan |
| long ago | gen lontan |
| look | gade |
| look after | okipe |
| look for | chache |
| look like | sanble |
| look out on | bay sou |

| | |
|---|---|
| look over | voye je sou |
| looking for trouble | sou goumen |
| loose oneself | pèdi tèt ou |
| lord | senyè |
| Lord's Prayer | Nòtrepè |
| lose | pèdi |
| lose one's cool | pèdi sanfwa ou |
| lose one's mind | pèdi tèt ou |
| loss | pèt |
| lost | pèdi |
| lots | anpil, yon pakèt |
| lottery | lotri |
| loud | fò, gwo bri |
| loudspeaker | opalè |
| louse | pou, pou karang, karang |
| love | lanmou, amou, renmen (v) |
| lover | amourèz (female), amoure (male) |
| low | ba |
| lower | pi ba, bese (v), desann (v) |
| loyal | fidèl |
| lubricate | grese |
| luck | chans |
| lucky | gen chans |
| luggage | malèt, efè |
| lukewarm | kèd |
| lull | kalmi |
| lump | boul, moso |
| lunge at | plonje sou |
| lungs | poumon |
| lush | kaka kleren |
| macaroni | makawoni |
| machete | manchèt |
| machine | machin, aparèy |
| machine gun | mitrayèz |
| mackerel | makwo |
| madness | foli, bagay moun fou |
| magnet | leman |
| magnificent | mayifik, bèl anpil |
| magnifying glass | loup |

| English | Creole | English | Creole |
|---|---|---|---|
| mahogany | kajou | market | mache |
| maid | bòn | marriage | maryaj |
| mail | lapòs, poste (v) | married | marye |
| mailman | faktè | marrow | mwèl |
| major | majò | marry | marye |
| majority | pifò | marvelous | mèveye |
| make | fè, mak (brand) | mash | bat, kraze |
| make a deal | fè afè | mask | mas |
| make a face | fè grimas | mason | mason |
| make a habit of | pran pou abitid | mass | mès, lamès |
| make a joke on | fè blag | massage | masay |
| make an effort | fè yon efò | mast | ma |
| make an | trase yon | master | mèt |
| example of | egzanp | mat | nat, atèmiyo |
| make do | degaje | match | alimèt, match |
| make friends | fè zanmi | | (sport), |
| make love | fè lanmou, fè | | koresponn (v) |
| | bagay | matchstick | bwa alimèt |
| make up | rebyen | maternity ward | matènite |
| malaria | malarya, palidis | mattress | matla |
| male | mal, gason | mature | rèk |
| mama | manman | May | me |
| man | nonm, nèg, | may | mèt (v) |
| | moun | maybe | pètèt, gen dwa |
| man of one's | moun ki gen | mayonnaise | mayonnèz |
| word | pawòl | mayor | majistra |
| manager | direktè | me | mwen |
| mane | krinyè | meal | repa, manje, |
| mango | mango | | farin |
| maniac | moun fou | mean | mechan, |
| manner | fason, jan | | siyifye (v), vle |
| manure | fimye | | di (v) |
| many | anpil, bann, | meaning | sans |
| | pakèt | means | mwayen |
| map | kat | meanwhile | an atandan, |
| marble | mab | | alatandan |
| marbles | mab | measles | lawoujòl |
| March | mas | measure | mezi, mezire (v) |
| mare | jiman, manman | measurement | mezi |
| | chwal | meat | vyann |
| marinate | tranpe | meatball | boulèt |
| marine | maren | mechanic | mekanisyen |
| mark | mak, make (v) | medal | meday |
| mark down | retire pwen sou | medallion | meday |
| mark off | trase | meddle | antre nan afè |
| mark up | monte | | moun |

| | | | |
|---|---|---|---|
| medicine | remèd, medikaman, la medsin | mirror | glas |
| | | misbehave | fè dezòd |
| | | miscarriage | foskouch |
| meet | fè konnesans, fè reyinyon, kontre, rankontre | misdirect someone | pran tèt yon moun |
| | | miserable | mizerab |
| | | misery | mizè |
| meeting | reyinyon | misfortune | malè, devenn |
| melon | melon | miss | chonje, manke (v) |
| melt | fonn | | |
| member | manm | miss out | pèdi |
| memory | memwa | missionary | misyonnè |
| mend | repare | mist | farinay |
| menstruation | règ | mistake | fot, erè |
| mental | nan tèt | mistake someone for | pran pou |
| merchandise | machandiz | | |
| mercy | mizerikod, ge | mister | mesye |
| mermaid | sirèn | mistress | fanm deyò |
| message | mesaj, nouvèl, konmisyon | misunderstand | konprann mal |
| | | misunder- standing | malkonprann |
| messy | sal | | |
| metal | metal | mix | melanje |
| meter | mèt | mix up | mele, konfonn |
| microphone | mikwo | moan | plenn |
| middle | mitan, milye | mock | chare |
| middle-aged | andezay | model | modèl, bay fom (v) |
| midnight | minui | | |
| midwife | fanmsay | modern | modèn, a la mòd, nouvo |
| might | ka(b), kapab, gen dwa | | |
| | | moisten | mouye, mikte |
| mildewed | kanni | molasses | melas |
| mild-mannered | dou | mold | moul |
| milk | lèt, tire (v) | moldy | kanni |
| milk of magnesia | manyezi | moment | moman |
| | | Monday | lendi |
| mill | moulen | money | kòb, lajan |
| millet | pitimi | mongoose | woulong |
| million | milyon | monitor | ekran |
| mimic | chare | monkey | makak |
| mind | lespri | monkey wrench | kle anglèz |
| mine | pa mwen | month | mwa |
| miniskirt | minijip | moon | lalin |
| minister | minis | moral | moral |
| mint | mant | moral of the story | jis leson |
| minute | minit | | |
| miracle | mirak | more | plis, pi |

| | | | |
|---|---|---|---|
| morgue | mòg | museum | mize |
| morning | maten | mushroom | djondjon |
| mortar | pilon, mòtye | music | mizik |
| mortgage | ipotèk, | musician | mizisyen |
| | ipoteke (v) | must | dwe, fòk, fò |
| mortuary | mòg | mustache | bigot, moustach |
| mosquito | marengwen, | mustard | moutad |
| | mayengwen | musty | kanni |
| mosquito net | moustikè | mute | bèbè |
| most | pi | mutton | mouton |
| most of | pifò nan | muzzle | mizo |
| mother | manman | my | mwen |
| mother-in-law | bèlmè | mystery | mistè |
| motion | mouvman | nail | klou, kloure (v) |
| motivate | ankouraje | naked | toutouni |
| motor | motè | name | non, prenon, |
| motorcycle | motosiklèt | | bay non (v), |
| mound | pil | | site (v) |
| mountain | mòn | nap | kabicha |
| mountain side | koulin | napkin | sèvyèt |
| mourning | dèy | narrow | etwat, jis, jennen |
| mouse | sourit | narrow-minded | bòne, lespri |
| mouth | bouch, djòl | | bòne |
| mouthful | bouche | nation | nasyon |
| move | chanje plas, | natural | nòmal |
| | bouje | nature | nati |
| | deplase (v), | navel | lonbrit |
| | bote (v) | navy | maren, ble |
| movement | mouvman | | maren |
| movie | fim, sinema | near | pre |
| Mr. | misye | nearby | tou pre |
| Mrs. | madan | nearly | prèske |
| much | anpil, bann, si | neat | pwòp |
| | tèlman | necessary | nesesè |
| mucus | larim | necessity | nesesite |
| mud | labou | neck | kou |
| mud puddle | ma dlo | necklace | kolye |
| muffler | mòflè | necktie | kravat |
| mulatto | milat, milatrès | need | bezwen |
| mule | milèt | needle | zegwi |
| mullet | mile | negative | negatif |
| multiplication | miltiplikasyon | neglect | neglije (v) |
| multiply | miltipliye, peple | neighbor | vwazen |
| mumble | mamonnen | neighborhood | katye, vwazinay |
| mumps | malmouton | nephew | neve |
| murder | asasinen | nerve | nè |

| | | | |
|---|---|---|---|
| nest | nich | November | novanm |
| net | filè, privye | nude | ni, touni, |
| never | janmen, janm | | toutouni |
| nevertheless | sepandan | nuisance | anmègdan |
| new | nèf, lòt, nouvo | numb | mouri (manm), |
| New Year's Day | joudlan | | angoudi |
| news | nouvèl | number | nimewo, chif |
| newspaper | jounal | nun | mè, mabònmè |
| next to | kole ak | nurse | enfimyè, mis |
| nickname | non jwèt, ti non | nursery | pepinyè |
| niece | nyès | nut | ekwou, nwa |
| night | nwit | nutmeg | miskad |
| nighttime | lannuit | nutritious | fòtifyan |
| nightingale | wosiyòl | nylon | nayilonn |
| nightly | chak swa | oar | goudi, ranm, |
| nightmare | move rèv | | zaviwon |
| nights | denui, le swa | oath | sèman |
| nine | nèf | oatmeal | avwan |
| nineteen | disnèf | oats | avwan |
| ninety | katreven dis | obey | obeyi |
| nipple | pwent tete, tetin | object | bagay, |
| no | non | | pwoteste (v) |
| no longer | pa ankò | obligation | devwa |
| nod | souke | observe | remake, wè |
| noise | bri, son | occasion | fwa, okazyon |
| none | nanpwen | occur | rive, vin pase |
| nonsense | radòt, tenten, | occur to | pase nan tèt, vin |
| | rans | | nan tèt yon |
| non-stop | san rete | | moun |
| noodle | makawoni | ocean | lanmè |
| noon | midi | October | oktòb |
| normal | nòmal | octopus | chatwouy |
| north | nò | odd | dwòl |
| northern | nò | odor | odè, sant |
| nose | nen | offer | òf, ofri (v) |
| nosy | fouyapòt | office | biwo |
| not | pa | officer | ofisye |
| not functioning | pàn | offload | debake |
| notary public | notè | offspring | pitit |
| notch | antay | often | souvan |
| note | nòt, biye | oil | lwil |
| notebook | kaye | oil lamp | lanp |
| nothing | anyen, pa anyen | ointment | pomad |
| notice | avi, preyavi, | okra | gonbo |
| | remake (v), | old | ansyen, vye |
| | wè (v) | old maid | vyèy fi |

| | | | |
|---|---|---|---|
| old person | grandèt | ordinary | òdinè |
| omit | neglije | organ | òg |
| on | sou, a | orphan | òfelen |
| on all fours | a kat pat | other | lòt |
| on foot | a pye | other day (the) | lòtrejou |
| on someone's account | poutèt yon moun | otherwise | sinon, san sa |
| | | ought | dwe, te dwe, ta dwe |
| on the dot | jis, won | | |
| on the same level | a nivo | our(s) | nou |
| | | oust | mete deyò |
| once | yon sèl fwa, yon fwa, depi | out | deyò, pa mache |
| | | out loud | pou tout moun tande |
| once upon a time | yon fwa | | |
| | | out of | nan |
| one | youn, yon, en, yon moun | out of bounds | deyò |
| | | out of order | an pàn |
| one after another | youn apre lòt | out of the blue | sanzatann |
| | | outfit | teni |
| one only | yon sèl | outlet | debouche, priz |
| one's place | wòl | outright | kareman |
| one's heart goes out to | kè ou fè ou mal pou | outside | deyò |
| | | outwards | sou deyò |
| onion | zonyon | oven | fou |
| only | sèlman, sèl | over there | laba a |
| only just | fenk | overcast | mare |
| onto | sou | overflow | debòde |
| open | louvri (v), ouvè (v), debouche (v) | overhead | anlè |
| | | overloaded | chaje depase |
| | | overturn | chavire |
| open up to | ouvè lestonmak | owe | dwe |
| opening | ouvèti, plas | own | genyen (v), posede (v), pa mwen (pa ou, pa yo) |
| operation | operasyon | | |
| opinion | lide | | |
| opportunity | chans, okazyon | | |
| opposed | pa dakò | owner | mèt |
| opposite | vi-za vi | oyster | zwit |
| or | ou, oubyen, ni | pacifier | sousèt |
| orange | zoranj, jòn abriko (color) | package | pake |
| | | packed | plen, chaje |
| orchestra | òkès | pad | tanpon |
| order | kòmann, lòd, bay lod (v), fè kòmann (v), kòmande (v), pase lòd (v), bay fè (v) | paddle | pagay, pagaye (v) |
| | | padlock | kadna |
| | | page | paj |
| | | pail | bokit |
| | | pain | doulè |

| paint | penti, penn (v), pentire (v) | passport | paspò |
| paintbrush | penso | paste | pat |
| painter | bòs pent, pent | pastor | pastè |
| painting | tablo | pasture | patiray |
| pair | pè | patch | pyès, pyese (v) |
| pajamas | pijama | path | chemen, wout, ti chemen |
| pal | bon zanmi | patient | malad, pasyan |
| palace | palè | patriot | patriyot |
| pale | pal, blenm | pattern | modèl, patwon |
| palm | pla men, palmis (tree) | pave | alfate |
| | | pavement | alfat, beton |
| palm heart | chou palmis | paw | pat |
| pan | kastwòl | pawn | plane |
| panties | kilòt | pawnshop | mezondafè, plàn |
| pant leg | janm pantalon | pay | peye (v), salè |
| pants | pantalon | pay back | remèt |
| papaya | papay | pay off | fin peye |
| paper | papye | payroll | pewòl |
| paper bag | sache, chache papye | pea | pwa frans, pwa |
| | | peace | lapè |
| paperclip | klips, twonbòn | peaceful | trankil, kal |
| parable | parabòl | peach | pèch |
| paradise | paradi | peanut | pistach |
| parasol | parasòl | peanut butter | manba |
| pardon | padon, gras, fè gras (v), padonnen (v) | pearl | pèl |
| | | peasant | peyizan, abitan |
| | | peck | beke |
| parent | paran | pedal | pedal, pedale (v) |
| parish | pawas | peel | po, kale (v), dekale (v) |
| park | plas, pakin (vehicle) | pelican | grangòzye |
| parrot | jako | pelt | kalonnen, po bèt |
| parsley | pèsi | pen | plim, pak |
| parsonage | presbitè | penalty | amann, fot |
| part | pyès, pati, pa, moso | pencil | kreyon |
| | | penis | gigit, pati gason |
| particular | spesyal | pension | pansyon |
| particularly | sitou | people | pèp, moun |
| partner | asosye | pepper | pwav (black), piman (chile) |
| party | fèt, fete (v) | | |
| pass | pase (v), lesepase (v) | peppermint | mant |
| | | percent | pousan |
| pass out | endispoze, fè endispozisyon | perfect | bon nèt |
| | | perfume | pafen |
| passenger | pasaje | perhaps | pètèt |

| English | Creole |
|---|---|
| period | sezon, epòk |
| permanent | pèmanant, pou tout tan |
| permanently | nèt, nèt ale |
| permission | pèmisyon |
| person | moun |
| personality | tanperaman |
| pest | pès |
| pestle | manch pilon |
| pet | karese, bèt ki gade nan kay |
| pew | ban |
| pharmacy | fanmasi |
| phlegm | flenm, glè |
| phonograph record | plak |
| photograph | foto, pòtre, fè potre (v) |
| phrase | fraz |
| pianist | pyanis |
| piano | pyano |
| pick | pikwa, pik, pike (v), keyi (v) |
| pick a fight | chache kont |
| pickax | pikwa |
| pickles (hot) | pikliz |
| pickpocket | vòlè bous |
| pickup truck | kamyonnèt |
| picture | foto, imaj |
| piece | bout, ti moso, pyon (game), moso |
| pier | waf |
| pig | kochon, pouso |
| pigeon | pijon |
| piggy bank | bwat sekrè |
| pile | pil, lo, anpile (v), fè pil |
| pill | grenn |
| pillow | zorye, oreye |
| pillowcase | sak zorye, tèt zorye |
| pimple | bouton |
| pin | epeng, zepeng, tache (v) |
| pin on | mete sou, lage sou |
| pinch | penchen (v), pichkannen(v), ti kras |
| pineapple | anana, zannanna |
| pink | woz |
| pint | demi ka, demi lit |
| pipe | tiyo, fè tiyo, pip (tobacco) |
| piss | pipi, pise |
| piston | piston |
| pit | noyo (seed), twou nan tè |
| pitcher | po |
| pity | donmay, pitye |
| place | plas, kote, mete (v) |
| placenta | manman vant |
| plain | òdinè, plèn, la plèn |
| plan | fè preparasyon (v), plan |
| plane | rabo (tool), avyon |
| plank | planch |
| plant | izin, faktori, pye, plant, plante (v) |
| plantain | bannann |
| plaque | plak |
| plaster | plastè (medical), krepi (v) |
| plastic | plastik |
| plate | asyèt |
| plateau | platon |
| platter | plato |
| play | pyès, jwe (v) |
| play hooky | fè woul |
| player | jwè |
| please | fè plezi (v), tanpri, souple, vle (v) |
| pleasure | plezi |
| pleat | pli |

| English | Creole |
|---------|--------|
| pleated | plise |
| pliers | pens |
| plot | fè konplo (v), konplo, teren |
| plow | chari, raboure (v) |
| pluck | plimen |
| plug | plòg, bouche (v) |
| plug in | konnekte, ploge |
| plumb line | filaplon |
| pneumonia | lemonni |
| pocket | pòch |
| pocketknife | kanif |
| pod | gous |
| point | lonje (v), pwent |
| point out | montre |
| pointed | pwenti |
| poison | pwazon, bay pwazon (v) |
| poker | pokè |
| pole | poto, gòl |
| police | lapolis |
| police station | pòs polis |
| policeman | polis, jandam |
| polio | polyo |
| polish | poli |
| polite | poli, byennelve |
| politics | politik |
| polyester | polyestè |
| ponder | grate tèt |
| pool | basen |
| poor | pòv |
| poor soul | podjab |
| pop | pete, kola |
| popcorn | mayi pèt pèt, pòpkòn |
| pope | pap |
| popular | popilè |
| populate | peple |
| porch | galeri |
| pork | kochon, vyann kochon |
| porridge | labouyi |
| position | plas, mete nan plas (v) |
| positive | sèten, si, pozitif (result) |
| possible | posib |
| post | poto, afiche (v), depoze (letter) (v), pòs |
| post office | lapòs |
| poster | afich |
| postman | faktè |
| postpone | ranvwaye, kite pou demen |
| pot | chodiè, chodyè |
| potato | ponmdetè |
| pound | liv, pile (v) |
| pour | vide, vèse (v) |
| pout | boude |
| poverty | mizè, malsite |
| powder | poud |
| powdered | an poud |
| power | pouvwa, dwa |
| practical | pratik |
| practice | antrene (v), egzèse (v), egzèsis |
| praise | konplimante (v), fè konpliman (v), lwanj, kopliman |
| pray | lapriyè, priye |
| prayer | priyè |
| preach | preche, fè yon prèch |
| precious | presye |
| precise | egza |
| pre-dawn | vanjou |
| prefer | pito |
| pregnancy | gwosès |
| pregnant | ansent |
| prejudice | prejije |
| preparation | preparasyon |
| prepare | pare (v), fè preparasyon, prepare |
| presbytery | presbitè |
| prescribe | preskri |

| | | | |
|---|---|---|---|
| prescription | preskripsyon | promise | pwomès, |
| present | kado, prezan, | | angajman, |
| | prezante (v) | | pwomèt (v) |
| preserve | konsève | promotion | pwomosyon |
| preserves | konfiti | prompt | a lè |
| president | prezidan | promptly | tou swit |
| press | peze | prong | dan |
| press (printing) | près | pronounce | pwononse |
| pretend | fè konmsi, fè | proof | prèv |
| | sanblan, fè | prop | kore (v) |
| | tankou | propeller | elis |
| pretentious | pretansye | proper | korèk |
| prevent | anpeche | property | pwopriete |
| price | pri, | propose | pwopoze |
| | machande (v) | protect | pwoteje |
| prick | pike | protest | pwoteste |
| pride | ogèy | protestant | levanjil, |
| priest | pè, monpè | | pwotestan |
| primary school | primè | proud | fyè, angran |
| prime | amòse (v), | prove | bay prèv, |
| | premye | | pwouve |
| principal | direktè | proverb | pwovèb |
| print | enprime | provide | bay |
| printer | enprimant | prudent | pridan |
| prison | prizon | prune | debranche (v), |
| prisoner | prizonnye | | imonde (v) |
| private | prive | psalm | sòm |
| privately | an prive, a pa | public | piblik |
| prize | prim, pri | publish | pibliye |
| probable | pwobab | puddle | ma dlo |
| problem | pwoblèm | pull | rale, trennen |
| procession | pwosesyon | pull ahead of | pase devan |
| produce | bay (v), fè (v), | pull strings | fè demach |
| | donen (v), | pulley | palan, pouli |
| | legim | pulpit | chè |
| produce | fè pitit | pumello | chadèk |
| offspring | | pump | ponp, ponpe (v) |
| profanity | betiz, salte | pumpkin | joumou |
| profession | metye | punch | ponch, bay kout |
| professor | pwofesè | | pwen (v) |
| profit | benefis | punctual | a lè |
| program | pwogram | puncture | kreve |
| program | lojisyèl | punish | pini, korije, regle |
| (computer) | | punishment | pinisyon |
| progress | pwogrè | pupil | elèv |
| | | puppet | panten |

| | | | |
|---|---|---|---|
| puppy | ti chen | raindrop | gout lapli, grenn lapli |
| purchase | achte | | |
| puree | pire (v) | rainy season | sezon lapli |
| purple | mov, vyolèt | raise | leve, ogmantasyon, elve (v) |
| purpose | rezon, bi | | |
| purse | bous | | |
| pursue | dèyè, kouri dèyè, fè demach | raisin | rezen |
| | | rake | rato, pase rato (v) |
| pus | pi | rancid | rans |
| push | pouse (v) | rank | grad |
| put | mete | rape | kadejak, fè kadejak sou (v), vyòl, vyole (v) |
| put away | nan plas | | |
| put one's mind to | met tèt ou sou | | |
| put oneself out | deranje ou | rapidly | vit |
| put to sleep | andòmi | rare | ra |
| quail | kay, pèdri | rarely | raman |
| quality | kalite | rat | rat |
| quantity | kantite | ravine | ravin |
| quarrel | kont | raw | kri |
| quarter | ka | raw sugar | rapadou |
| quay | waf | ray | reyon |
| queen | rèn, dam (cards) | razor | razwa |
| question | kesyon, kesyonen (v) | razor blade | jilèt |
| | | reach | lonje (v), rive |
| quickly | vit, byen vit | read | li |
| quit | sispann | ready | pare |
| rabbit | lapen | real | vre, reèl |
| rabid | anraje | realize | rann kont |
| race | kous (contest), ras (breed), fè yon kous (v) | really | toutbon |
| | | rear | dèyè, leve (v) |
| | | rearrange | ranje yon lòt jan, vire |
| radiator | radyatè | | |
| radio | radyo | rear-view mirror | retwovizè |
| radio station | pòs radyo | reason | rezon |
| radish | radi | receipt | fich, resi |
| raffle | raf, rafle (v) | receive | resevwa |
| rafter | chevwon | receptacle | reseptak |
| ragged | chire | reception | resepsyon |
| rags | etòf, ranyon | recess | rekreyasyon |
| rail | bawo, ray | recite | resite |
| railroad station | ga | recognize | rekonnèt |
| rain | lapli, fè lapli (v) | recommend | rekòmande |
| rainbow | lakansyèl | | |
| raincoat | padsi | | |

| | | | |
|---|---|---|---|
| record | make (v), note (v), ekri (v), plak | remind | sonje, fè sonje |
| | | remnant | koupon |
| | | remove | wete, retire |
| recover | refè | rename | bay yon lòt non |
| recovery | gerizon | render | rann |
| red | wouj | rent | lwaye, lwe (v) |
| redo | refè | repair | ranje, reparasyon, repare (v) |
| reduce | diminye, redwi | | |
| reed | wozo | | |
| reef | resif | repay | remèt |
| referee | abit | repeat | repete |
| reflect | reflechi, sonje | repel | fè ale |
| refresh | rafrechi | repent | repanti |
| refrigerator | frijidè | replace | ranplase |
| refugee | sinistre | reply | repons, reponn (v) |
| refund | remèt | | |
| refuse | refize | report | rapò, fè rapo (v) |
| regard | konsidere (v) | report card | kanè (lekòl) |
| region | zòn | represent | reprezante |
| register | enskri (v), anrejistre (v), rejis | reprimand | repwoche |
| | | reproach | repwòch |
| | | republic | repiblik |
| registered mail | rekòmande | repudiate | demanti |
| regret | regrèt | reputatyon | repitasyon |
| regular | regilye | request | mande (v), demann |
| regularly | souvan | | |
| rehearsal | repetisyon | require | ekzije, mande |
| rehearse | fè repetisyon | reschedule | voye |
| rein | brid | rescue | sove |
| rejoice | rejwi | resemble | sanble |
| relate | rakonte | reservation | rezèvasyon |
| related | fanmi | reserve | rezève |
| relative | fanmi | resign | bay demisyon |
| relax | distrè | resignation | demisyon |
| relief | soulajman, asistans sosyal | resist | reziste |
| | | resolve | rezoud, regle |
| | | respect | respè, respekte (v) |
| relieve | kalme, soulaje | | |
| religion | relijyon | responsible | responsab |
| remain | rete | rest | rès, repo, poze (v), repoze (v), fè yon poze (v) |
| remainder | rès | | |
| remark | remake (v), remak | | |
| | | | |
| remarry | remarye | restaurant | restoran |
| remedy | remèd | restroom | watè |
| remember | sonje | result | rezilta |

| English | Creole | English | Creole |
|---|---|---|---|
| retire with income | bay pansyon | rock | wòch |
| | | rocking chair | dodin |
| retired | retrete | rocky | chaje wòch |
| return | rannman, retou, tounen (v), remèt (v), retounen (v) | role | wòl, biswit, woulo woule (v), |
| | | roll | biskwit, ti pen |
| revenge | revanj | roll up | monte, vlope |
| reverse | lanvè (fabric), bak, fè bak (vehicle) | roof | do kay, tèt kay, twati |
| | | room | chanm, sal, pyès |
| review | kontwole, repase, parad (military) | roost | jouk |
| | | rooster | kòk |
| reward | rekonpans, rekonpanse (v) | root | rasin, fè rasin (v) |
| | | rope | kòd |
| | | rosary | chaple |
| rheumatism | rimatis | rose | woz |
| rib | kòt | rot | pouriti, pouri (v) |
| ribbon | riban, ne | rough | brital, brit, bosal |
| rice | diri | round | won |
| rich | rich | round-trip | ale retou |
| ride | monte (v) woulib (hitchhike) | row | ranje, ran, rame (v), pagaye (v) |
| rider | kavalye | | |
| rifle | fizi | rowboat | kannòt |
| rig | mare (kòd) | royal | wayal |
| right | dwat, a dwat, gen rezon | rub | fwote |
| | | rubber | kawoutchou |
| right next to | kole kole | rubber band | elastik |
| rim | jant | rudder | gouvènay, ba |
| ring | wonn, bag, sonnen (v) | rude | maledve, bourik, gwosye |
| rinse | rense | rug | tapi |
| ripe | mi | ruin | rin, gate (v) |
| risk | chans, ris, riske (v) | rule | gouvènen (v), regleman |
| rival | konkiran | ruler | règ, chèf |
| river | larivyè, rivyè, rivèt | rum | wonm |
| | | run | kouri, fè dlo, mache (equipment) |
| roach | ravèt | | |
| road | wout | | |
| roast | boukannen, fè woti, woti | run into | kwaze ak |
| | | run over | pase sou |
| rob | vòlè | rung | bawo |
| robbery | vòlè | rural | an deyò |

| | | | |
|---|---|---|---|
| rush | prese | save | sere, sove, |
| rust | wouy, wouye (v) | | sofgade (data) |
| rusty | wouye | savings | depany |
| sack | sak | savings bank | kès depany |
| sacred | sakre | saw | si, goyin, siye (v) |
| sacrifice | sakrifis | saxophone | saksofòn |
| sad | tris | say | di |
| saddle | sèl, sele (v) | saying | pwovèb |
| saddlecloth | chabrak | scab | kwout |
| safe | kòfrefò, sove | scale | kal (fish), |
| safety | site | | grate (v), |
| safety pin | zepeng kouchèt | | balans |
| sail | vwal | scalp | kwi tèt |
| sailboat | vwalye | scar | mak |
| sailor | matlo | scarce | ra |
| saint | sent, sen | scare | fè pè |
| salad | salad | scarf | foula |
| salary | apwentman, | scatter | gaye, grennen, |
| | sale | | simaye, simen |
| sale | lavant | scene | sèn |
| saliva | krache, saliv | scholarship | bous |
| salmon | somon | school | lekòl |
| salt | sèl | schoolchildren | elèv, timoun |
| salt marsh | salin | | lekòl |
| salute | salye | schoolmate | kondisip |
| salve | ponmad | science | syans |
| same | menm | scissors | sizo |
| sample | echantiyon | scold | blanmen, joure, |
| sand | sab, sable (v) | | repwoche |
| sandal | sapat, sandal | scorpion | eskòpyon, |
| sandpaper | papye sable, fèy | | skopyon |
| | sable | scour | foubi |
| sandwich | sandwich | scrap iron | feray |
| sanitary napkin | kotèks | scrape | graje, grate (v) |
| Santa Claus | Tonton Nwèl | scraps | retay, rèskiyè |
| sapodilla | sapoti | scratch | grate, grifonnen, |
| sardine | sadin | | grate (v) |
| Satan | satan | scratch your | grate tèt |
| satin | saten | head | |
| satisfied | satisfè | scrawl | grifonnen |
| satisfy | satisfè | screen | paravan, twil, |
| Saturday | samdi | | ekran |
| sauce | sòs | | (projection) |
| saucepan | kastwòl | screw | vis, vise (v) |
| saucer | soukoup | screwdriver | tounvis |
| sausage | sosis | scribble | grifonyen |

| | | | |
|---|---|---|---|
| sea | lanmè | sergeant | sèjan |
| sea lice | lagratèl | serious | grav |
| sea turtle | karèt | sermon | prèch |
| sea urchin | chadwon | serpent | sèpan |
| seahorse | chwal lanmè | serve | sèvi |
| seal | so, kachte (v) | set | mete, pare |
| seamstress | koutiryèz, | set free | lage |
| | koutriyèz | set on fire | met dife |
| search | fouye (v), | settle | regle, rezoud (v) |
| | chache (v) | settled | etabli |
| search warrant | kat blanch, | settlement | regleman, |
| | manda | | abitasyon |
| seashore | bò lanmè | seven | sèt |
| season | sezon | seventeen | disèt |
| seasoning | epis | seventy | swasant dis |
| seat | dèyè | several | plizyè |
| second | dezyèm | severe | sevè |
| second-hand | dezyèm men | sew | koud |
| secret | sekrè | sewer | rego, fòs |
| secretary | sekretè | sewing | kouti |
| sediment | ma | sewing machine | machin a koud |
| see | wè | shack | kounouk |
| see in | wè nan | shade | lonbray |
| seed | grenn | shadow | lonbray |
| seedling | plan, ti plan | shake | souke |
| seem | sanble | shallot | echalòt |
| seine | sèn, sènen (v) | shallow | pa fon, plat |
| seize | sezi, pran | shame | wont |
| seldom | raman | shampoo | chanpou |
| select | chwazi | shape | fòm |
| self-control | sanfwa | share | separe (v), |
| selfish | akrèk, egoyis | | pataje (v), pati, |
| sell | vann | | pa |
| seminary | seminè | share of stock | aksyon |
| senator | senatè | shark | reken |
| send | voye | sharp | file |
| senile | annanfans | sharpen | file |
| sense | sans, santi (v) | sharpener | tay |
| sensitive | sansib | shave | fè bab, grate |
| sentence | kondane (v), | | plim bab |
| | santans | shave off | wetire, grate |
| | (judgement), | shaving cream | krèm bab |
| | fraz | shawl | manto |
| sentry | santinèl | she | li |
| separate | separe | shed | koujin, hanga |
| September | septanm | | |

| | | | |
|---|---|---|---|
| shed light on | eklèsi, bay limyè sou | shove | bourad, pouse |
| sheep | mouton | shovel | pèl |
| sheet | dra, fèy | show | montre (v), fè |
| sheet metal | tòl | | wè (v), |
| shelf | etajè | | espozisyon, |
| shell | koki, po, kal, kale (v) | | pwogram |
| | | shower | douch |
| shield | pwoteje (v) | shower stall | basen, basen douch |
| shift | moumou | | |
| shin | zo jamn | shrimp | chèvrèt, ekrevis |
| shine | klere | shudder | tresayi |
| shiny | briyan | shuffle | bat kat, trennen pye (v) |
| ship | batiman, bato | | |
| shipment | chajman | shut | fèmen |
| shipwreck | nofraj | sick | malad |
| shirt | chemiz | sickle | sèpèt, kouto digo |
| shirttail | ke chemiz | | |
| shit | kaka, poupou | side | kote, bò |
| shiver | tranble | side by side | kòtakòt |
| shock | sezisman | sideburns | pafouten |
| shock absorber | chòk | sidewalk | twotwa, pewon |
| shoe | soulye | sigh | soupi |
| shoe polish | plakbòl | sign | ansèy, siy, pankad, siyen (v) |
| shoehorn | kòn, kòn soulye | | |
| shoelace | lasèt | signal | siyal, siy |
| shoemaker | kòdonye | signature | siyati |
| shoeshine boy | chany | silence | silans |
| shoot | fiziye (v), tire (v), choute, boujon | silk | swa |
| | | silver | ajan, ajante |
| shop | magazen, boutik | silverware | ajantri |
| shopkeeper | mèt boutik | simple | senp |
| short | kout | sin | peche, fè peche (v) |
| short cut | chemen dekoupe | | |
| | | since | piske, kòm, depi |
| shortage | manke, rate | sincere | sensè |
| shortcoming | defo | sing | chante |
| shortly | talè | singer | chantè |
| shorts | chòt | single | yon sèl |
| shot | piki (injection), kout bal (firearm), chout (ball) | single file | youn apre lòt, youn dèyè lòt |
| | | sink | evye, lavabo, fonse (v), koule (v) |
| should | te dwe | | |
| shoulder | zèpòl | sip | ti gòje |
| shout | rèl, rele (v) | siren | sirèn |

| | | | |
|---|---|---|---|
| sisal | pit | slowly | dousman |
| sissy | sese | slur | manje mo |
| sister | sè | slut | jenès, bouzen |
| sister-in-law | bèlsè | sly | koken, entelijan |
| sit | chita | smack | bat bouch |
| situatyon | sitiasyon | small | piti |
| six | sis | small boy | ti gason |
| sixteen | sèz | small intestine | ti trip |
| sixty | swasant | small of | ti tèt |
| size | gwosè, grandè, tay | character | |
| | | smell | santi, sant, santi (v) |
| skeleton | eskèlèt | | |
| skid | patinen | smile | souri, souri (v) |
| skin | po, kòche (v) | smock | moumou, blouz |
| skinny | mèg | smoke | lafimen, fimen (v) |
| skip | sote | | |
| skirt | jip | smooth | lis, dous, egal |
| skull | zo tèt | smother | toufe |
| sky | syèl | snake | koulèv, sèpan |
| sky-high | sèt otè | snapper | sad |
| slack | lach | snatch | rape |
| slaked lime | lacho | snazzy | bwòdè |
| slander | jouman, kout lang | sneeze | estènen |
| | | snip | taye |
| slap | kalòt, souflèt | snore | wonfle |
| slate | adwaz | snot | larim |
| slaughterhouse | labatwa | snow | lanèj |
| slave | esklav | so | tèlman, si, konsa |
| sledge hammer | mas | | |
| sleep | somèy, dòmi, dòmi (v) | so much | tèlman |
| | | soak | tranpe |
| sleeve | manch | soak up | bwè |
| slice | moso, tranch | soaked | tranp, mouye tranp |
| slide | glise | | |
| slight | meprize (ignore), ti tay | soaking wet | mouye tranp |
| | | so-and-so | lapèsòn, entèl |
| slime | limon | soap | savon |
| slingshot | fistibal | sober up | desoule |
| slip | jipon, glise (v) | soccer | foutbòl |
| slipper | pantouf | society | sosyete |
| slippery | glise | sock | chosèt |
| slobber | bave | soda pop | kola |
| slope | pant, koulin | sofa | kanape |
| slow | lan, lant, pa rapid | soft | mou |
| | | soften | vin mou |
| slow down | ralanti | soil | tè, sal (v) |

| | | | |
|---|---|---|---|
| solder | soude | spell | eple |
| soldier | solda | spend | depanse |
| sole | semèl, pla pye | spider | arenyen, |
| solemn | solanèl | | zarenyen |
| solid | solid | spider web | fil arenyen |
| solve | reve | spigot | wobinè |
| some | kèk, de | spill | vide, fè |
| some more | ankò | | tonbe (v), |
| someone | yon moun | | jete (v), |
| something | yon bagay | | vire (v), file |
| sometimes | pafwa, de fwa | | (yarn) (v) |
| somewhat | yon ti jan | spin | file (yarn) (v) |
| son | gason, pitit | spinach | zepina |
| | gason | spirit | lespri, lwa |
| song | chan, chante | spirits | moral |
| son-in-law | bofis | spit | krache |
| soon | talè | spit up | rann, vomi |
| sore | blesi, maleng, fè | spite | rankin |
| | mal | splendid | mayifik |
| sorrow | lapenn | splinter | klis bwa |
| soul | nanm | split | fann |
| sound | bri, son, solid | spoil | gate |
| soup | soup | spoke | reyon |
| sour | si | sponge | eponj |
| soursop | kowosòl | spool | bobin |
| south | sid | spoon | kiyè |
| sow | fenmèl kochon, | spoonful | kiyè |
| | manman | spotted | takte |
| | kochon, | sprain | foule |
| | simen (v) | sprawled | blayi |
| space | plas, espas | spray | flite |
| spaghetti | espageti | spread | repann, laji, |
| Spanish | panyòl, | | gaye (v) |
| | espanyòl | spring | sous, resò, |
| spank | kale, fwete | | plonje (v) |
| spanking | swèl, kal | spring a leak | fè vwadlo, koule |
| spare tire | derechanj | sprinkle | simen, farinen, |
| spark | etensèl | | wouze |
| spark plug | bouji | sprout | boujon, jèm, |
| sparkler | piletwal | | jèmen (v), |
| speak | pale | | leve (v), |
| spear | frenn, | | boujonnen (v) |
| | frennen (v) | spry | enganm |
| special | spesyal | spur | zepon |
| speech | diskou, pawòl | spy | veye |
| speed | vitès | square | kare |

| | | | |
|---|---|---|---|
| squarely | fiks | stay | rete |
| squat | akoupi | steady | solid |
| squeak | kriye | steal | vòlè |
| squeeze | prije, pire, peze, tòde (cloth) | steam | vapè |
| | | steel | asye, fè |
| squid | chatwouy | steel wool | paydefè |
| stab | pike (v), bay kout kouto | steep | a pik, apik |
| | | steer | kondwi |
| stable | solid, ekiri (for animals) | steering wheel | volan |
| | | step | pa, mach |
| stadium | estad | step on | pile |
| stain | tach, tache (v) | stepdaughter | bèlfi |
| stairs | eskalye | stepfather | bòpè |
| stale | rasi | stepmother | bèlmè |
| stall | pak, kale (v), mouri (v) | stepson | bofis |
| | | stethoscope | sonn |
| stallion | etalon | stew | ragou |
| stallion colt | poulen | stick | baton, kole (v) |
| stamina | rezistans, fyèl | stiff | rèd, di |
| stamp | tenm, mete so (v), | still | toujou, alanbik |
| | | sting | mòde (v) |
| stand | kanpe, mete kanpe | stingy | chich, peng, kras |
| standing | sou de pye | stink | santi (fò) |
| standstill | kanpe | stir | brase |
| stapler | klipsè | stirrups | zetriye |
| star | zetwal | stitch | kouti |
| star anise | anietwale | stock | stòk |
| starch | anmidonnen(v) midonnen (v), lanmidon | stocking | ba |
| | | stomach | vant |
| | | stone | wòch, pyè |
| stare | fikse (v), gade (v) | stool | bankèt, tabourè |
| | | stop | rete |
| starfish | etwal | stop up | bouche (v) |
| start moving | derape | stopped up | bouche |
| start out | pati | stopper | bouchon |
| start over | rekòmanse | store | magazen, boutik, sere (v), gade (v), konsève (v) |
| start up (an engine) | demare | | |
| starter (engine) | estatè | | |
| startle | fè sote | | |
| starve | mouri grangou | storeroom | depo |
| state | eta, leta, deklare (v) | storm | move tan, tanpèt |
| | | story | istwa (tale), etaj (building) |
| station | stasyon | | |
| station wagon | kamyonnèt | straight | dwat, drèt |

| English | Creole | English | Creole |
|---|---|---|---|
| straight ahead | tou dwat | stupid | sòt, bourik, bèt, gaga |
| straight pin | epeng ti tèt | | |
| straighten | drese | sturdy | solid |
| straighten up | mete lòd | stutter | bege |
| strain | koulè, pase nan paswa | sty | klou |
| | | style | mòd, kalite, fason |
| strainer | paswa | | |
| strange | etranj, dwòl | subscription | abònman |
| strangle | trangle | subtract | retire |
| straw | pay | succeed | mache, gen siksè |
| straw mat | nat, atèmiyò | | |
| strawberry | frèz | success | siksè |
| stream | ti rivyè | such | tèl |
| street | lari | suck | souse, tete |
| strenghten | bay fòs | sucker | piwili (candy), teta (fish) |
| strength | fòs | | |
| stretch | lonje, tire, detire kò, tire kò | suckle | tete |
| | | sudden | sibit |
| stretcher | branka | suds | kim |
| strike | grèv, fè grèv (v), frape (v), tape (v) | sue | fè pose |
| | | suffer | soufri |
| | | suffocate | toufe |
| string | fil,fisèl, kòd, file (v) | sugar | sik |
| | | sugar cane | kann |
| strip | lèz, retire rad sou ou | suggest | konseye |
| | | suit | kostim |
| stripe | galon, liy | suitcase | malèt, valiz |
| striped | a rèl | summer | ete |
| stripped | fware | sun | solèy |
| stroke | kout san, bras | Sunday | dimanch |
| strong | fò | sunglasses | linèt solèy |
| struggle | konba, lite (v), lit | supermarket | makèt |
| stubborn | rèd, tèt di | supervisor | sipèvizè |
| stubbornness | tèt di | supper | soupe, manje aswè |
| stucco | masonn | | |
| stuck | kole | supplies | pwovizyon |
| student | elèv | support | sipò, soutni (v), okipe (a person) (v), kenbe (v) |
| study | etidye | | |
| stuff | boure (v), bagay | | |
| stuffing | etòf | | |
| stumble | tribiche | suppose | sipoze, kwè |
| stump | chouk | sure | sèten |
| stunned | toudi | surface | sifas |
| stunt | siprime (v) | surgeon | chirijyen |
| stunted | rabi | surly | tchak |

| English | Creole | English | Creole |
|---|---|---|---|
| surprise | sipriz, sezisman, sezi (v) | syrup | siwo |
| | | system | sistèm |
| surprised | sezi | table | tab |
| surround | viwonnen, sènen (v) | tablecoth | nap |
| | | tablet | grenn |
| survey | apantaj, apante (v), fè apante (v) | tackle | met men |
| | | tadpole | teta |
| | | tail | ke, file (v) |
| surveyor | apantè | tailor | tayè |
| suspect | sispèk, sispekte (v) | take | pran |
| | | take a chance | pran chans |
| suspend | rete | take advantage of | dòmi sou, pwofite |
| suspenders | bretèl | | |
| suspicious | dwòl | take care | fè atansyon, kenbe kò ou, veye zo ou |
| swallow | gòje, iwondèl, vale (v) | | |
| swamp | marekay | take communion | konminyen |
| swap | boukantay, twoke (v) | take cover | pare |
| | | take forever | pran yon bann tan |
| sway | balanse (de bò) | | |
| swear | joure, di betiz, jire, sèmante | take off | derape |
| | | talent | don |
| swear an oath | fè sèman, sèmante | talk | pale |
| | | talk nonsense | di radòt |
| sweat | swe | talker | kozè |
| sweep | bale | tall | wo, gran tay |
| sweet | dous | tallow | swif |
| sweet potato | patat | tamarind | tamaren |
| sweeten | mete sik | tame | donte |
| sweetheart | choupèt, kòkòt | tan | tannen (v) |
| swell | anfle (v), gonfle (v) | tangled | makonnen, mele |
| | | tank | tank |
| swelling | anflamasyon | tank truck | kamyon sitèn |
| swim | naje | tanner | tannè |
| swimming pool | pisin | tannery | tannri |
| swing | balansin, balanse (v), fè balansin (v) | tap | wobinè, frape (v) |
| | | tape | tep (recording), tepe (v), anrejistre (v) |
| switch | boukante (v), echanje (v), switch | | |
| | | tape measure | santimèt |
| | | tape recorder | tep |
| swollen | anfle, gonfle | tapeworm | vè solitè, solitè |
| sword | epe, nepe | tar | goudwon |
| swordfish | jòfi | tarantula | arenyen krab, zarenyen krab |
| sympathy | senpati | | |
| syringe | sereng | taro | malanga, tayo |

| | | | |
|---|---|---|---|
| tarpaulin | prela | test | egzamen, |
| tassel | bab | | konpozisyon, |
| taste | gou, goute (v) | | eprèv, |
| tasteless | san gou | | eseye (v) |
| tasty | gou | testament | testaman |
| tattle | rapòte | testicle | grenn |
| tax | taks | tetanus | tetanòs |
| tax collector | pèsèptè | text | tèks, ekriti |
| taxi | taksi, laliy | thank | di mèsi, |
| tea | te | | remesye |
| teach | montre, | thank you | mèsi |
| | ansengne, bay | thanks | remèsiman, |
| | entriksyon | | mèsi |
| teach someone | bay yon leson | thanks to | gras a |
| a lesson | | that | sa |
| team | ekip | thatch | pay |
| tear | chire (v), akwo, | theater | teyat, sinema |
| | dlo je | theft | vòl |
| tear off | rache, chire (v) | their | yo |
| tease | anmède, takinen | them | yo |
| teaspoon | ti kiyè | then | alò |
| teat | tete | there | la |
| tee shirt | mayo | there is\are | genyen, gen |
| teethe | fè dan | therefore | kidonk, se pou |
| telegram | telegram | | sa |
| telephone | telefòn, | there's nothing | pa gen anyen |
| | telefonnen (v) | to | nan |
| television | televizyon | thermos bottle | tèmòs |
| tell | di, rakonte | these | sa yo |
| temper | kolè, move | they | yo |
| | tanperamen | thick | epè, pwès |
| temperament | tanperaman | thick with | chaje |
| temperature | tanperati | thief | vòlè |
| tempest | tanpèt | thigh | kuis |
| temple | tanp | thimble | de |
| tempt | tante | thin | mens, fen |
| ten | dis | thing | bagay |
| tenant | lokatè | think | panse, kwè, |
| tender | sansib, mou | | reflechi |
| tennis | tenis | third | twazyèm |
| tennis shoe | tenis | thirst | swaf |
| tense | rèd | thirsty | swaf |
| tent | tant | thirteen | trèz |
| termite | poud bwa | thirty | trant |
| terms | kondisyon | this | sa a |
| terrible | terib | thorn | pikan |

| English | Creole |
|---|---|
| thorough | nèt, antye |
| those | sa yo |
| though | malgre |
| thought | panse |
| thousand | mil |
| thread | fil, file (v) |
| threat | mennas |
| threaten | mennase, fè mennas |
| three | twa |
| threshold | papòt |
| throat | goj, gagann |
| through | pa |
| throw | voye |
| throw up | rechte, vomi |
| thumb | pous |
| thunder | tonnè, loray |
| Thursday | jedi |
| thus | konsa |
| thyme | ten |
| tick | karapat |
| ticket | biye |
| tickle | chatouyèt |
| tide | mare |
| tidy | pwòp |
| tie | kòl, nil (score), mare (v) |
| tie clasp | arèt kol |
| tiger | tig |
| tight | sere |
| tighten | sere |
| tightwad | koulout |
| tile | kawo, mozayik |
| till | jouk |
| tilt | panche |
| time | lè, fwa, tan |
| tin | fè blan |
| tin can | gode, fèblan (large) |
| tip | pwent, poubwa, poul |
| tire | kawoutchou |
| tired | bouke, fatige |
| title | tit |
| to be | egziste |

| English | Creole |
|---|---|
| to be in a predicament | anbarase |
| to cross (a river) | janbe |
| to fast | fè jenn |
| to make a stupid mistake | betize |
| to make faces | fè grimas |
| to someone's liking | nan gou yon moun |
| toad | krapo |
| toast | griye (v), pen griye |
| tobacco | tabak |
| today | jodi a |
| toe | zòtèy |
| toenail | zong pye |
| together | ansanm |
| toilet paper | papye ijenik |
| tomato | tomat |
| tomb | tonm |
| tomorrow | demen |
| tongue | lang |
| tonight | aswè a |
| tonsillitis | chè nan gòj |
| tonsils | chè nan gòj |
| too | twò (much), tou (also) |
| too much | twò, twòp |
| tool | zouti |
| tooth | dan |
| toothbrush | bwòs dan |
| toothpaste | pat, kòlgat |
| top | topi (toy), tèt, anlè nèt |
| torch | bwadife |
| torment | touman, toumante (v) |
| torn | chire |
| torrent | lavalas |
| torso | bis |
| toss | voye |
| total | total, tout |
| touch | manyen (v), touche (v) |
| tough | di |
| tourist | touris |

| | | | |
|---|---|---|---|
| tow truck | remòkè | trigger | gachèt |
| towards | bò kote, vè | trip | vwayaj |
| towel | sèvyèt | tripe | trip, gradoub |
| town | lavil, vil | triplet | marasa twa |
| town square | plas | trophy | koup |
| toy | jwèt | trot | twote |
| trace | dekalke (v), tras | trouble | twoub, traka, |
| track | mak, tras, ti | | twouble (v) |
| | chemen | troublemaker | bagarè |
| tractor | traktè | trowel | tiwèl |
| trade | twoke | truck | kamyon |
| traffic jam | blokis | true | vre, veritab |
| trail | chemen, wout | trump | atou |
| trailer | trelè | trumpet | twonpèt |
| train | tren, egzèse, | trunk | mal, kòf |
| | antene | trust | konfyans, lafwa, |
| traitor | trèt, jouda | | fè |
| trance | trans | | konfyans (v), |
| tranquil | trankil | | mete konfians |
| translate | tradwi | | nan (v) |
| transmission | transmisyon | truth | laverite, verite |
| transplant | repike, pike, | try | esèy, eseye (v), |
| | transplante | | jije (court) (v) |
| transport | pote | try on | eseye, mezire |
| trap | pèlen, pyèj | tube | tib |
| trash | fatra | tubercular | pwatrine |
| trash can | poubèl, panye | tuberculosis | tebe |
| | fatra | Tuesday | madi |
| travel | vwayaj, | tuft | touf |
| | vwayaje (v) | tug | redi |
| travel agency | ajans | tugboat | remòkè |
| traveler | vwayajè | tumble | tonbe, so, |
| tray | kabare, bak | | vire (v) |
| | (vendor) | tune | akòde |
| treasure | trezò | turkey | kodenn |
| treasurer | trezorye | turn | vire (v), kou |
| treat | trete (v) | turn a corner | kase koub |
| treatment | tretman | turn back | tounen |
| tree | pye bwa, | turn in | depoze |
| | pyebwa | (documents) | |
| tree trunk | twon | turn off | fèmen, touye |
| tremble | tranble | turn on | ouvè |
| trembling | tranbleman | turn one's back | vire do |
| trial | jijman, eprèv | on | |
| tribe | ras | turn oneself in | rann tèt ou |
| trickery | riz | | |

| | | | |
|---|---|---|---|
| turn someone's head | pran tèt yon moun | understand | konprann, tande |
| turnip | nave | undertaker | antreprenè |
| turpentine | terebantin | undertaking | angajman |
| turtle | tòti | undertow | ral |
| turtle shell | karapat tòti, karapat karèt | underwater | anba dlo |
| | | undo | defèt |
| tweezers | pens | undress | dezabiye |
| twelve | douz | uneven | pa nivo |
| twenty | ven | unfold | ouvè |
| twice | de fwa | unfortunately | malerezman |
| twin | marasa | unhappy | tris, pa kontan |
| twist | tòde (v) | uniform | inifòm |
| two | de | unite | ini, fè yon tèt ansanm |
| type | tip, tape (v) | United States | Zetazini |
| type of person | tip | unlaced | delase |
| typewriter | machin a ekri | unless | sòf, sinon, amwenske |
| typhoid fever | tifoyid | | |
| udder | manmèl | unload | dechaje |
| ugliness | grimas | unlucky | an devenn |
| ugly | lèd | unplug | dekonnekte, deploge |
| umbilical cord | kòd lonbrit | | |
| umbrella | parapli, parasòl | unrest | dezòd |
| unable | pa kapab | unripe | wòwòt |
| unaccustomed | pa abitye | unroll | dewoule |
| unbearable | ensipòtab | unruly | brigan |
| unbound | delase | unsaddle | desele |
| unbutton | deboutonnen | unscrew | devise |
| uncle | monnonk, nonk, tonton | unsettled | pa regle |
| | | unstable | pa asire |
| unclean | pa pwòp | untamed | pa donte |
| uncomfortable | malalèz | untangle | demele |
| unconscious | san konnesans, endispoze | untie | delage, demare |
| | | until | jis, jistan, jouk |
| uncontrolled | dekontwole | untrue | pa vre |
| uncork | debouche | unwilling | pa vle |
| uncover | dekouvri | unwind | dewoule |
| undecided | anbalan | unwrap | devlope, ouvè |
| under | an ba | unzip | dezipe |
| underbrush | raje | up | an wo |
| undercooked | manke kuit | up a creek | nan tchouboum |
| underfoot | anba pye | upon | sou |
| underground | anba tè | upper class | lelit |
| underneath | anba | upright | tou dwat, onèt |
| underpants | kalson, slip | uproar | deblozay, eskandal |
| undershirt | chemizèt | | |

| | | | |
|---|---|---|---|
| uproot | rache | verdict | santans |
| upset | boulvèse, chavire | verify | tcheke |
| | | verse | kouplè, vèse |
| upside down | tèt anba | vespers | vèp |
| upstairs | anlè | vial | flakon, poban |
| uptight | tchak, brak | vice | vis |
| urethra | kannal pipi | vicinity | nan zòn |
| urgent | prese | victim | viktim, sinistre |
| urinate | pipi | victory | viktwa |
| urine | pipi | videotape | videyo |
| URL | adrès entènèt | view | vi |
| us | nou | village | bouk |
| use | sèvi avèk | vinegar | vinèg |
| use to | konn | violent | vyolan, brital |
| used | dezyèm men | VIP | chabrak, zotobre, gran nèg |
| used to | abitye | | |
| useful | itil | | |
| useless | initil | virgin | vyèj, ti fi |
| uterus | matris | virus | viris |
| uvula | lalwèt | visa | viza |
| vacation | vakans, konje | visit | vizit, vizite (v) |
| vaccinate | vaksinen | visiting hours | lè vizit |
| vaccine | vaksen | vitals | zantray |
| vagina | pati fanm, bòbòt, bouboun | vitamin | vitamin |
| | | voice | vwa |
| vagrant | grenn ponmennen | volleyball | volebòl |
| | | volume | volim |
| vain | initil, ògeye, pretansyè | voluntarily | pou kont li |
| | | vomit | vomi, rechte (v) |
| valid | valab, bon | voodoo | vodou |
| value | valè | voodoo priest | ougan |
| valve | vann, vav | voodoo priestress | manbo |
| vanilla | esans, vani | | |
| vanity | pretansyon | voodoo temple | ounfò |
| variety | kalite | voodoo worship | sèvi lwa |
| various | divès | vote | vòt, vote (v) |
| varnish | vèni | vow | ve |
| vase | po | voyage | vwayaj |
| vaseline | vazlin | wag | souke |
| vegetable | legim | wages | pèman, salè |
| vegetable soup | bouyon | wagon | kabwèt |
| vehicle | mashin | wait | tann, ret tann |
| veil | vwal | wait on | sèvi |
| velvet | vlou | waiter | gason |
| vendor | machann | wake | vèy |
| verb | vèb | | |

| | |
|---|---|
| walk | pwomnad, mach, mache (v) |
| walk together | mache ansanm |
| wall | mi |
| wallet | bous |
| want | vle |
| war | lagè |
| wardrobe | amwa |
| warehouse | depo |
| warn | avèti |
| warrant | manda |
| wash | lesiv, lave (v) |
| wash away | bote |
| wash down | fè desann |
| washtub | benywa (large), kivèt (small) |
| wasp | gèp |
| waste | gaspiyaj, gaspiye (v) |
| watch | mont, siveye (v), veye (v), gade (v) |
| watch the clock | veye lè |
| watchband | braslè |
| watchman | gadyen, watchmann |
| water | dlo, wouze (v) |
| watercress | kreson |
| waterfront | bòdmè |
| watermelon | melon dlo |
| wave | lanm, voye men (v) |
| wax | lasi, sire (v) |
| way | jan |
| we | nou |
| weak | fèb |
| weaken | febli |
| weakling | ti soufri |
| weakness | fèblès, defo |
| wealth | richès |
| wealthy | rich |
| wean | sevre |
| weapon | zam |
| wear | mete, pote sou ou |

| | |
|---|---|
| weather | tan |
| weave | trese, tise |
| web site | sit entènèt |
| wedding | nòs, maryaj |
| Wednesday | mèkredi |
| weed | raje, move zèb, sekle (v) |
| week | semenn |
| weekend | wikenn |
| weekly | chak semenn |
| weigh | peze |
| weird | dwòl |
| welcome someone with open arms | pran ak de bra |
| weld | soude |
| well | byen, pwi (water) |
| wellbeing | byennèt |
| well-done | byen kuit |
| well-reared | byennelve |
| werewolf | lougawou |
| west | lwès |
| western | kòbòy |
| wet | mouye |
| whale | balèn |
| wharf | waf |
| what | sa, ki, ki sa |
| what a | ala |
| whatever | nenpòt sa |
| what's his name | kisasa |
| wheat | ble |
| wheel | wou |
| wheelbarrow | bourèt |
| wheeler-dealer | brasèdefè |
| when | lè, ki lè |
| where | kote, ki kote |
| whether | swake, si |
| whetstone | mèl |
| which | kilès |
| whichever | kèlkelanswa, nenpòt |
| while | pandan, lè |
| whinny | ranni |
| whip | fwèt, rigwaz, bat (v) |

| | | | |
|---|---|---|---|
| whipping | kal | wisdom tooth | dan zòrèy |
| whirlwind | toubiyon | wise | gen lespri, |
| whiskey | wiski | | pridan, saj |
| whisper | pale dousman, | wish | swete |
| | pale nan zòrèy | with | avèk, avè, ak |
| whistle | souflèt, | within | anndan |
| | soufle (v) | without | san, san sa |
| white | blan, blanch | witness | temwen, sevi |
| who | ki, ki moun | | temwen (v) |
| who(m)ever | nenpòt moun ki | woman | fanm, nègès |
| whole | antye | wonder | mèvèy, grate |
| wholesale | an gwo | | tèt (v), |
| whooping cough | koklich | | mande (v) |
| whore | bouzen | wood | bwa |
| whorehouse | bòdel, makrèl | woodpecker | sèpantye |
| whose | pou ki moun | wool | lenn |
| why | pouki, pou ki sa | word | mo, pawòl |
| wick | mèch | word processing | tretman tèks |
| wicked | mechan | work | travay, fè |
| wide | laj | | travay (v) |
| widen | laji | work together | mete ansanm |
| widow | vèv | workbench | etabli |
| width | lajè | worked up | chofe |
| wife | madanm | worker | travayè |
| wiggle | jwe | workshop | atelye |
| wild | mawon, sovaj | world | latè, le monn |
| will | testaman | worm | vè |
| willpower | volonte | worries | sousi |
| wilt | fennen | worry | sousi, tèt chaje, |
| win | genyen, gen | | traka, |
| winch | wench | | pwoblèm |
| wind | van, monte (v), | worse | pi mal |
| | bay chenn (v), | worship | adore |
| | vlope (v) | worship service | kilt |
| window | fenèt, vit | would | sa, ta |
| windshield | vit devan | would rather | pito |
| windshield wiper | winchil | wound | blesi, maleng, |
| wine | diven | | blese (v) |
| wing | zèl | wrap | vlope |
| wink | tenyen je, | wrench | kle |
| | touye je | wring | tòde |
| winnow | vannen (v) | wrinkle | pli, chifonnen (v) |
| winnowing tray | laye, bichèt | wrinkled | chifonnen |
| winter | ivè, livè | wrist | ponyèt |
| wipe | siye | write | ekri |
| wire | fil fè | write back | fè repons |

| | | | |
|---|---|---|---|
| written | ekri | yet | sepandan, |
| wrong | tò | | poutan |
| wrongly | mal | yield | donnen, |
| wrought iron | fè fòje | | rannman |
| x-ray | radyografi | yoke | jouk |
| yard | lakou | you | ou, nou |
| yawn | baye | young | jenn |
| year | an, ane | your | ou |
| yeast | leven | youth | jenès |
| yell | rèl, rele (v) | yoyo | yoyo |
| yellow | jòn | zero | zewo |
| yellow fever | lajònis | zip | zipe |
| yes | wi | zipper | zip |
| yesterday | yè | zombie | zonbi |

# Creole to English Translations

| Creole | English |
|--------|---------|
| a | on, by |
| a dwat | right (side) |
| a kat pat | on all fours |
| a ki lè | at which time |
| a kote | aside, beside |
| a kòz | due to |
| a la men | by hand |
| a la mòd | modern, in fashion |
| a lè | punctual, prompt |
| a nivo | horizontal, on the same level |
| a pa | aside, apart, private |
| a pe pre | about |
| a pik | steep |
| a pwal | bareback |
| a pye | on foot |
| a rèl | striped |
| abajou | lampshade |
| abako | dennin |
| abandonnen | abandon, give up, quit |
| abese | alphabet, humble (v) |
| abi | injustice |
| abit | referee |
| abitasyon | farm |
| abitid | custom, habit |
| abitye | used to |
| abiye | dress (v) |
| abò | aboard |
| abònman | subscription |
| abriko | apricot |
| absan | absent, away |
| abse | abscess |
| absoliman | absolutely |
| achitèk | architect |
| achte | buy, purchase |
| achtè | buyer |
| adapte | adapt, adjust to |
| adezif | adhesive tape |
| adiltè | adultery |
| adisyon | addition |
| admèt | confess, admit to |
| admire | admire |
| adopte | adopt |
| adore | worship |
| adrès | address |
| adrès entènèt | URL (Internet) e-mail address |
| adrese | address (v) |
| adwaz | slate |
| afè | affair, genitals belongings, business, |
| afich | poster |
| afiche | post (v) |
| afrik | Africa |
| afriken | African |
| afwo | afro |
| aganman | chameleon |
| agòch | awkward |
| agrandi | enlarge |
| agrikilti | agriculture |
| agwonòm | agronomist |
| ajan | agent, silver |
| ajans | agency, travel agency |
| ajantri | silverware |
| aji | act (v) |
| aji sou | affect |
| ajiste | fit (v), adjust |
| ajoute | add |
| ak | with, certificate |
| akeyi | greet |
| akizasyon | accusation |
| akize | accuse |
| akòde | tune |
| akòdeyon | accordion |
| akonpaye | accompany |
| akonpli | accomplish |
| akouchman | delivery |
| akoupi | squat |
| akòz | because of |
| akrèk | selfish |
| aks | axle |

| Creole | English |
|--------|---------|
| akseleratè | accelerator |
| aksepte | accept, admit |
| aksidan | accident |
| aksyon | action, act, share of stock |
| aktif | active |
| aktivite | activity |
| akwo | tear |
| ala | what a |
| alabwòs | crewcut |
| alamòd | fashionable |
| alanbik | still |
| alaplas de | instead |
| alavans | in advance |
| ale | alley, go (v), go away (v) |
| albòm | album |
| ale retou | round-trip |
| aleka | aloof |
| aletranje | abroad |
| alèz | comfortable |
| alfabè | alphabet |
| alfat | pavement |
| alfate | pave |
| aliman | alignment |
| alimèt | match |
| aliminyòm | aluminum |
| alkòl | alcohol |
| alman | German |
| almanak | calendar |
| alo | hello |
| alò | then |
| alonj | extension cord |
| amann | fine, penalty |
| ame | armed, arm (v) |
| amelyore | improve |
| amèn | amen |
| ameriken | American |
| amize | amuse |
| amizman | fun |
| amonika | harmonica |
| amòse | prime (to start) |
| amou | love |
| amoure | lover (male) |
| amourèz | lover (female) |
| amwa | wardrobe |

| Creole | English |
|--------|---------|
| amwenske | unless |
| an | year, in (see nan) |
| an atandan | meanwhile |
| an ba | down, bottom, beneath, under |
| an devenn | unlucky |
| an dèy | in mourning, bereaved |
| an deyò | rural |
| an dezòd | disorderly |
| an favè | in favor of |
| an gwo | wholesale |
| an kòlè | angry |
| an pàn | out of order |
| an poud | powdered |
| an premye | first |
| an reta | late, behind |
| an travè | across |
| an vi | alive |
| an wo | above, up (high) |
| an'n avan | ahead, forward |
| anana | pineapple |
| anba | beneath, below, underneath, bottom, downstairs |
| anba bra | armpit |
| anba chal | clandestine |
| anba dlo | underwater |
| anba pye | underfoot |
| anba tè | underground |
| anbalan | undecided |
| anbarase | embarrass (v), to be in a predicament |
| anbasad | embassy |
| anbasadè | ambassador |
| anbilans | ambulance |
| anbisyon | ambition |
| anbrase | hug (v) |
| anbyans | atmosphere |
| anchaje | in charge of |
| andezay | middle-aged |
| andòmi | put to sleep |
| andwi | chittlins |

| | |
|---|---|
| ane | year |
| anemi | anemia |
| anestezi | anesthesia |
| anfannkè | acolyte |
| anfas | in fron of |
| anfen | finally |
| anflamasyon | swelling |
| anfle | bloated, swollen, swell (v) |
| anfòm | fit, in shape |
| anfòm kou yon bas | fit as a fiddle |
| ang | angle |
| angajman | promise, undertaking |
| angle | English |
| angoudi | numb |
| angran | proud |
| angrè | fertilizer |
| angrese | fatten |
| anietwale | star anise |
| anile | cancel |
| animal | animal |
| anj | angel |
| ankadreman | frame |
| ankò | again, anymore, some more |
| ankouraje | encourage, motivate |
| ankourajment | encouragement |
| anlè | above, overhead, atop, upstairs |
| anmbègè | hamburger |
| anmè | bitter |
| anmède | annoy, tease (v) |
| anmègdan | annoying, disagreeable, irritating |
| anmidonnen | starch (v) |
| anmize | entertain |
| anmwenske | unless |
| annafè | involved |
| annanfans | senile |
| anndan | inside |
| annefè | indeed |

| | |
|---|---|
| annwiye | annoy |
| anons | announcement |
| anonse | announce |
| anpeche | prevent |
| anpil | many, much |
| anpile | pile (v) |
| anplifikatè | amplifier |
| anplis | besides, excess |
| anplwaye | employ, employee |
| anpoul | light bulb |
| anraje | rabid |
| anrejistre | register (v), tape (v) |
| ansanm | together |
| ansengne | teach |
| ansent | pregnant |
| ansèy | sign |
| ansyen | former, old |
| ant | among |
| antant | agreement |
| antay | notch |
| ante | haunted |
| antèman | burial, funeral |
| antèn | antenna |
| antere | bury |
| antònwa | funnel |
| antouka | in any case |
| antrave | be in a fix |
| antre | enter (v), entrance, admission fee, meddle |
| antre nan | go into, join |
| antrene | coach (v), practice (v) |
| antrenè | coach |
| antreprenè | undertaker |
| antye | entire, whole, thorough |
| anvan | before (time) |
| anvan lè | early |
| anvan ou bat je ou | in the wink of an eye |
| anvayi | invade |

| | | | |
|---|---|---|---|
| anvi | alive, birthmark, desire (v) | ase | enough |
| anvlòp | envelope | asirans | assurance, insurance |
| anwe | hoarse | asire | insure, assure |
| anwetan | excepting | asistans | audience |
| anyen | anything, nothing | asiste | attend |
| apa | aloof | asosye | partner, associate |
| apantaj | survey | aspire | inhale |
| apante | survey (v) | aspirin | aspirin |
| apantè | surveyor | aswè | evening |
| aparèy | machine, appliance | asye | steel |
| | | asyèt | plate |
| apatandojodi | from now on | atak | assault, attack |
| apèn | hardly | atake | attack (v) |
| apendis | appendix | atansyon | attention |
| apeprè | approximately | atè | floor, ground |
| apeti | appetite | atelye | workshop, dentures |
| apik | steep | | |
| apiye | lean (v) | atèmiyo | mat (straw for sleeping) |
| aplanni | level (v) | | |
| aplikasyon | application | ateri | land (v) |
| aplodi | applaud, clap (v) | aticho | artichoke |
| aplodisman | cheer | atik | article (in newspaper) |
| apot | apostle | | |
| aprann | learn | atire | attract |
| apranti | apprentice | atis | artist |
| apre | after | atizana | handcraft |
| apre sa | afterwards | atou | trump |
| apremidi | afternoon | atrap | catch |
| apwentman | salary | atrapan | contagious, infectious |
| apwoche | approach | | |
| apwouve | approve | avans | forward |
| aran | herring | avanse | advance (v) |
| aransèl | cod (salted and dried) | avantaj | advantage, benefit |
| aransò | kipper | avanti | adventure, affair, fling |
| arebò | edge | | |
| arenyen | spider | avas | advance |
| arenyen krab | tarantula | avè | with |
| arèt kol | tie clasp | avèg | blind |
| arete | arrest | avèk | with |
| aritmetik | arithmetic | avèk gaz | carbonated |
| asasen | assassin | avèti | warn, give notice |
| asasinen | assassinate, murder | | |
| | | avni | future |

| | | | |
|---|---|---|---|
| avoka | attorney | balon | ball |
| avril | April | ban | bench, pew, |
| avwan | oats, oatmeal | | give (v), |
| avyon | airplane | | allow (v), |
| ayewopò | airport | | deal (v), |
| ayisyen | Haitian | | produce (v) |
| ayiti | Haiti | banbou | bamboo |
| aza | chance | banday | bandage |
| azaryen | gambler | bande | bandage (v) |
| ba | bar, stocking, | bande je | blindfold |
| | hose, rudder, | bandjo | banjo |
| | down, low, | bandwòl | banner |
| | give (v), | bank | bank |
| | allow (v), | bankèt | stool |
| | deal (v), | bann | gang, much, |
| | produce (v) | | many |
| bab | beard, tassel | bann chalè | heat rash |
| babako | feast | bannann | plantain |
| babin | double chin | bare | block (v), |
| babye | grumble (v), | | fence (v) |
| | babble | barik | barrel |
| badin | cane | barikad | dam |
| bag | ring | baryè | gate |
| bagarè | troublemaker | bas | bass |
| bagas | bagasse (sugar | basen | shower stall, |
| | cane pulp) | | cistern, pool |
| bagay | thing, object, | baskèt(bòl) | basketball |
| | article | bat | beat (v), defeat, |
| bagay ki | nuisance | | flap (v), whip |
| anmègdan | | | (v), shuffle, |
| bagay moun fou | madness | | mash |
| bak | reverse, tray | bat bouch | chew, smack |
| | used by | bat bravo | applaud, clap (v) |
| | vendor | bat chalbari | jeer |
| bal | bale, bullet, | dèyè | |
| | dance | bat je ou | blink |
| bal tire | gunshot | bat kat | shuffle |
| balans | balance, scale | bat kòk | cockfight |
| | (weight) | batanklan | junk |
| balanse | balance (v), | batay | battle |
| | swing (v) | batèm | baptism |
| balanse (de bò) | sway | batèz | egg-beater |
| balansin | swing | bati | build |
| bale | broom, sweep | batiman | boat, ship, |
| balèn | candle, whale | | building |
| balkon | balcony | batis | Baptist |

| | |
|---|---|
| batisman | construction |
| batistè | birth certificate |
| batize | baptize |
| bato | boat, ship |
| baton | cane, stick |
| batri | battery, drums |
| batri kizin | kitchenware |
| bave | drool, slobber |
| bavèt | bib |
| bawo | rung, rail |
| bay | give, provide, allow deal, produce |
| bay asirans | guarantee (v) |
| bay blag | joke (v) |
| bay demisyon | resign |
| bay enstriksyon | teach |
| bay fè | let someone have |
| bay fom | model (v) |
| bay fòs | strengthen |
| bay garanti | guarantee (v) |
| bay konsèy | advise |
| bay kou | hit (v) |
| bay koulè | color (v) |
| bay kout kouto | stab (v) |
| bay kout pwen | punch (v) |
| bay kout pye | kick (v) |
| bay lod | order (v) |
| bay maladi | infect |
| bay manje | feed (v) |
| bay manti | lie (v) |
| bay non | name (v) |
| bay nouvèl | inform |
| bay pansyon | retire with income |
| bay prèv | prove |
| bay pwazon | poison (v) |
| bay sou | face (v), look out on |
| bay tete | breast-feed |
| bay tò | blame (v) |
| bay travay | employ |
| bay van | inflate |
| bay verite a | come clean |

| | |
|---|---|
| bay yon leson | teach someone a lesson |
| bay yon lòt non | rename |
| bay yon ti limyè sou | shed light on |
| bay chaplèt | club (v) |
| bay chenn | wind (v) |
| bay defi | dare (v) |
| bay egzeyat | discharge (from hospital) |
| baye | yawn |
| bè | butter |
| bebe | baby |
| bèbè | mute, dumb |
| bèf | cow, cattle, beef |
| vyann bèf | beef |
| bege | stutter |
| bègwè | idiot |
| bèk | beak |
| bekàn | bicycle |
| beke | peck |
| bèkèkè | dumbfounded |
| beki | crutch |
| bekonn | bacon |
| bèl | beautiful |
| bèl anpil | magnificent |
| bèlfi | daughter-in-law, stepdaughter |
| bèlmè | mother-in-law, stepmother |
| bèlsè | sister-in-law |
| bèlte | beauty |
| benediksyon | benediction |
| benefis | profit |
| bengo | bingo |
| beni | bless |
| beny | bath |
| benyen | bathe |
| benywa | washtub |
| bere | butter (v) |
| berejèn | eggplant |
| bese | bend down, lower (v) |
| bèso | cradle, crib |
| bèt | animal, insect, cattle, stupid |

| Creole | English |
|---|---|
| betay | cattle |
| betiz | foolishness, profanity |
| betize | to make a stupid mistake |
| beton | concrete, pavement |
| bètrav | beet |
| bètwouj | beet |
| bezwen | need |
| bi | aim, purpose |
| Bib | Bible |
| bibi | biceps |
| bibliyotèk | library |
| bibon | baby bottle |
| bichèt | winnow |
| bifèt | cupboard |
| bigay | gnat |
| bigot | mustache |
| bijou | jewelry |
| bikabonnat | baking powder |
| bil | bill |
| bilan | balance sheet |
| bilten | ballot, vote |
| bimen | batter (v) |
| biren | chisel |
| bis | bus, encore, torso |
| bisiklèt | bicycle |
| biskèt | breastbone |
| biskwit | biscuit, roll |
| biswit | roll |
| biwo | desk, office |
| biya | billiards |
| biye | ticket, note |
| blad | balloon |
| blad pise | bladder |
| blag | joke |
| blakawout | blackout |
| blan | white |
| blanch | blank, white, gray |
| blanchi | bleach (v) |
| blanmen | blame, scold, accuse |
| blayi | sprawled |
| blaze | fade |
| ble | blue, wheat |
| ble maren | navy |
| blenm | pale |
| blenndè | blender |
| blese | injure (v), wound (v) |
| blesi | wound, sore |
| bliye | forget |
| blòk | block |
| bloke | lock (v) |
| blokis | traffic jam |
| blouz | smock |
| bo | kiss |
| bò | in-law, by, edge, towards, side, in-law |
| bò bounda | buttock |
| bò kòt | alongside |
| bò kote | by, towards |
| bò lanmè | seashore |
| bò rivyè | bank (river) |
| bobin | spool |
| bobori | cassava cake |
| bòbòt | vagina |
| bòdel | whorehouse |
| bòdmè | waterfront |
| bòdwo | bill |
| bofis | son-in-law, stepson |
| bòfrè | brother-in-law |
| bokal | jar |
| bokit | bucket, pail |
| boko fatra | dump |
| bòl | bowl |
| bon | good, valid |
| bòn | housekeeper, maid, boundary |
| bon afè | bargain |
| bon mache | cheap, inexpensive |
| bon sans | common sense |
| bon zanmi | buddy, pal |
| bonafè | bargain |

| Creole | English | Creole | English |
|--------|---------|--------|---------|
| bonbon | cookie, confection | boukannen | roast |
| | | boukantay | swap |
| bondans | abundance | boukante | exchange (v), switch |
| Bondye | God | | |
| bone | bonnet | bouke | bouquet, fed up, tired |
| bonè | early | | |
| bòne | narrow-minded | boukle | buckle (v) |
| bonèt | bonnet | bouklèt | curl |
| bonjou | good morning, good day (greeting) | boul | ball, clump |
| | | boul je | eyeball |
| | | boul zòrèy | earlobe |
| bonm | bomb, kettle | boulanje | baker, bakery |
| bonte | kindness | bouldozè | bulldozer |
| bòpè | father-in-law, stepfather | boule | burn (v) |
| | | boulèt | meatball |
| bòs | boss, brush, hump | boulon | bolt |
| | | boulonnen | bolt (v) |
| bòs mason | brick mason | boulvèse | upset (v) |
| bòs pent | painter | bounda | ass, butt, base |
| bosal | rough and crude person | bourad | shove, helping hand |
| bose | brush (v) | boure | stuff (v) |
| bosi | hunchback | bourèt | wheelbarrow |
| bòt | boot | bourik | donkey, stupid, rude |
| bote | move (v), wash away | | |
| | | bous | wallet, purse, scholarship |
| bouboun | vagina | | |
| bouch | brim, mouth | bout | end, piece |
| bouche | butcher, clogged, fill in, mouthful, plug (v), stop up, stopped up | boutèy | bottle |
| | | boutik | shop, store |
| | | bouton | button, knob, boil, pimple |
| | | bouton chalè | heat rash |
| bouchon | bottle cap, stopper | boutonnen | button (v) |
| | | boutonnyè | buttonhole |
| bouchon lyèj | cork | bouya | fog |
| boude | pout | bouyay | interference |
| bouden | blood sausage | bouye | confuse, confused |
| boudonnen | buzz | | |
| bougon (mayi) | corncob | bouyi | boil (v) |
| bouje | move, budge | bouyon | draft, vegetable soup |
| bouji | candle, spark plug | | |
| | | bouzen | whore |
| boujon | bud, shoot | bòy | dumpling |
| boujonnen | sprout (v) | bòzò | dressed up |
| bouk | buckle, village | bra | arm |

| Creole | English | Creole | English |
|--------|---------|--------|---------|
| bragèt | fly | byen | goods, well |
| brak | uptight | byen frape | ice-cold |
| branch | branch | byen ke | although |
| branka | stretcher | byen kuit | well-done |
| branrany | barren | byen plen | full and |
| bras | stroke, double | | overflowing |
| | arm width | byen pwòp | full well |
| brase | stir | byen vit | quickly |
| brasèdefè | wheeler-dealer | byennelve | polite, well- |
| braslè | bracelet, | | reared |
| | watchband | byennèt | well-being |
| brav | brave | chabon | charcoal |
| bravo | applause, cheer | chabrak | VIP, saddlecloth |
| brek | hand brake | chache | search (v), look |
| bren | dusk, dark | | for |
| brennen | flinch (v) | chache kont | pick a fight |
| bretèl | suspenders | chache papye | paper bag |
| bri | sound, noise | chadèk | pumello, |
| brid | bridle, rein | | grapefruit |
| brigan | hoodlum, unruly | chadwon | sea urchin |
| brik | brick | chaf | crankshaft |
| brikè | cigarette lighter | chaje | loaded, infested, |
| brit | rough | | thick with, |
| brital | brutal, rough, | | cloudy |
| | violent | chaje depase | overloaded |
| briyan | bright shiny | chaje moun | packed |
| briye | shine (v) | chaje wòch | rocky |
| bwa | forest, wood | chajman | cargo, load, |
| bwa alimèt | matchstick | | shipment |
| bwa mayi | corncob | chak | every, each |
| bwadife | torch | chak ane | annually |
| bwafouye | dugout canoe | chak jou | daily |
| bwat | box, can | chak semenn | weekly |
| bwat sekrè | piggy bank | chak swa | nightly |
| bway | boy | chalbari | jeer |
| bwe | buoy | chalè | heat |
| bwè | drink, soak up | chalimo | drinking straw |
| bweson | alcohol, drink | chame | charm (v) |
| bwete | hobble, limp (v) | chan | song, hymn |
| bwode | embroider | chanje | change, |
| bwonz | bronze | | exchange, |
| bwòdè | dressed up, | | cash (v) |
| | snazzy | chanje plas | move |
| bwòs | brush | chanjman | change |
| bwòs dan | toothbrush | | |
| byè | beer | | |

| | | | |
|---|---|---|---|
| chanm | bedroom, room, compartment, inner tube | cheminen | chimney, smokestack |
| | | chemiz | shirt |
| chanpou | shampoo | chemizèt | undershirt |
| chanpyon | champion | chen | dog |
| chanpyonna | championship | chèni | caterpillar |
| chans | luck, chance, opportunity, risk | chenn | chain |
| | | cheri | dear, honey |
| | | cheval | horse |
| chante | sing, song, crow (v) | cheve | hair |
| | | chèvrèt | shrimp |
| chantè | singer | chevwon | rafter |
| chantye | construction site | chèz | chair |
| chany | shoeshine boy | chich | stingy |
| chapant | carpenter, framework | chif | number, figure |
| | | chifon | eraser |
| chape | escape | chifonnen | wrinkle (v), wrinkled |
| chaple | rosary | | |
| chaplèt | club | chiklèt | chewing gum |
| chaplete | club (v) | chikore | chicory |
| chapo | hat | chire | torn, ragged, tear (v), in trouble |
| chare | mimic, mock | | |
| chari | plow | | |
| charite | charity | chirijyen | surgeon |
| chase | hunt (v) | chita | sit |
| chasè | hunter | cho | hot |
| chasi | chassis | chòd-chòd | bat (animal) |
| chat | cat | chodyè | pot, cast iron pot |
| chato | castle | chofe | heat (v), worked up |
| chatouyèt | tickle | | |
| chatre | castrate | chofè | chauffeur, driver |
| chatwouy | octopus, squid | chofe nan dèyè | have the hots |
| chavire | capsize, overturn | chofi | heat rash |
| | | chòk | shock absorber |
| chay | load, burden | chokola | chocolate |
| chè | expensive, flesh, pulpit | chosèt | sock |
| | | chòt | shorts |
| chè nan gòj | tonsillitis, tonsils | chòt de ben | bathing suit |
| chèch | dry | chou | cabbage |
| chèdepoul | goose bumps | chou palmis | palm heart |
| chèf | chief, boss, leader | choublak | hibiscus |
| | | chouflè | cauliflower |
| chèk | check | chouk | stump |
| chemen | path, trail | choupèt | sweetheart |
| chemen dekoupe | short cut | chout | shot, kick on goal |

| | |
|---|---|
| choute | shoot/kick a ball |
| chòv | bald |
| chòv-sourit | bat (the mammal) |
| chwa | choice |
| chwal | horse |
| chwal bwa | grasshopper |
| chwal lanmè | seahorse |
| chwazi | choose, select |
| dach | dashboard |
| dakò | accept, agree, approve, approve of |
| dal | gutter, concrete slab |
| dam | lady, queen of cards |
| damye | checkerboard, checkers |
| dan | tooth, prong |
| dan zòrèy | wisdom tooth |
| danje | danger |
| dans | dance |
| danse | dance (v) |
| dantèl | lace |
| dantis | dentist |
| daou | August |
| dapre | according to |
| daso | assault |
| dat | date |
| de | two, thimble, some |
| de fwa | twice, sometimes |
| de men vid | empty-handed |
| de twa | a few |
| debake | offload |
| debarase | clear out |
| deblozay | bedlam, uproar |
| debòde | overflow, to go to far in action |
| debouche | clear a passage, open a container, uncork, outlet |
| deboutonnen | unbutton |

| | |
|---|---|
| debranche | prune (v) |
| debyen | decent |
| dechaje | unload |
| defann | defend, forbid |
| defans | defense, bumper |
| defèt | undo, defeat |
| defi | defiance |
| defigire | disfigure |
| defo | fault, flaw, shortcoming, weakness |
| defonse | break down |
| defwa | twice, sometimes |
| dega | damage |
| degaje | get by, make do |
| degaje ou pou kont ou | fend for oneself |
| degèpi | evict |
| degi | extra, freebee |
| degobye | burp |
| degoutans | disgust |
| degoute | drip, disgust (v) |
| degrade | demote |
| deja | already |
| dekale | crack and peel |
| dekalke | trace |
| deklare | declare, state (v) |
| dekonnekte | unplug |
| dekontwole | uncontrolled |
| dekore | decorate |
| dekoupe | cut out, dilute |
| dekouraje | discourage, discouraged |
| dekouvri | discover, uncover |
| dekwa | enough |
| delage | untie, come loose |
| delase | unbound, unlaced |
| delika | delicate |
| delivrans | afterbirth |
| delivre | deliver |
| dèlko | generator |

| demach | pursuit (of an end) | desann | descend, climb down, lower (v), belittle |
|---|---|---|---|
| demann | request | | |
| demanti | repudiate | | |
| demare | untie, start up (an engine) | desann grad | demote |
| | | desann sot | climb out |
| demele | untangle | desele | unsaddle |
| demen | tomorrow | desen | drawing |
| demi | half | deside | decide, conclude, determine |
| demi lit | half-liter, pint | | |
| demisyon | resignation | | |
| demokrasi | democracy | desiskole | homosexual |
| demwazèl | dragonfly | desitire | abolish |
| denonse | denounce, inform on | desizyon | decision |
| | | desoule | sober up |
| denui | nights | desten | destiny, fate |
| dènye | last, final, latest | dèt | debt |
| depann | depend | detay | detail |
| depans | expenses | detere | dig up |
| depanse | spend | detire kò | stretch (v) |
| depany | savings | detwi | destroy |
| depatman | department | devan | ahead, in front of, before |
| depeche ou | jump to it | | |
| depi | since, once | devan-dèyè | backwards |
| depi nan pye jis nan tèt | from head to foot | devenn | misfortune, bad luck, jinx |
| deplase | move (v) | devine | guess (v) |
| deploge | unplug | devise | unscrew |
| depo | storeroom, warehouse | devlope | unwrap, develop |
| | | devwa | homework, obligation |
| depo zam | arsenal | | |
| depotwa | dump | devye | deflect |
| depoze | lay down, turn in (documents), post (v) a letter | dewoule | unroll, unwind (a story) |
| | | dèy | mourning |
| deranje | inconvenience (v),interrupt (v) | dèyè | behind, backside, rear, bottom, pursue, seat |
| deranje ou | put oneself out | | |
| derape | take off, start moving | dèyè a | in back |
| | | dèyè do yon moun | behind someone's back |
| derechanj | spare tire | | |
| derespektan | insolent | | |
| desanm | December | deyò | outside, exterior, out, out of bounds |

| | | | |
|---|---|---|---|
| dèyò | illegitimate | diskèt | diskette |
| dezabiye | undress | diskisyon | argument |
| dezame | disarm | diskite | argue, discuss |
| dezanfle | go down (swelling) | diskou | speech |
| | | disnèf | nineteen |
| dezas | disaster | dispansè | dispensary |
| dezespere | despair (v) | disparèt | disappear |
| dezespwa | despair | distraksyon | fun |
| dezi | desire | distrè | relax |
| dezipe | unzip | distrik | district |
| dezire | desire (v) | disuit | eighteen |
| dezòd | disorder, unrest | diven | wine |
| dezyèm | second | divès | various |
| dezyèm men | used, second-hand | divizyon | division |
| | | divòs | divorce |
| di | say, tell, harsh, hard, stiff, tough | divòse | divorce (v) |
| | | dizèl | diesel |
| | | dizon | agreement |
| di betiz | curse, swear | dizuit | eighteen |
| di maten | a.m. | dja | crock |
| di mèsi | thank | djak | jack |
| di radòt | talk nonsense | djandjan | gaudy |
| diaman | diamond | djare | diarrhea |
| dife | fire | djaz | band (jazz or rock) |
| difikilte | hardship | | |
| difisil | difficult | Djebenis | bless you |
| digo | indigo | djip | jeep |
| diksyonnè | dictionary | djòb | job |
| diktatè | dictator | djòl | yap, mouth |
| dikte | dictation | djòl alèlè | blabbermouth |
| dilatasyon | abortion | djòlè | boastful |
| dimanch | Sunday | djondjon | mushroom |
| diminye | reduce | dlo | water |
| dine | dinner | dlo glase | ice water |
| diplòm | diploma | dlo je | tear |
| dire | last (v) | do | back |
| direk | directly | do bosi | hunchback |
| direktè | director, manager, principal | do fè mal | backache |
| | | do kay | roof |
| | | dodin | rocking chair |
| diri | rice | doktè | doctor |
| dirije | direct (v) | dola | dollar |
| dis | ten, disk | domaj | damage |
| dis lou | hard drive | domaje | damage (v) |
| disèt | seventeen | dòmi | sleep, sleep (v) |
| disiplin | discipline | | |

| | |
|---|---|
| dòmi sou | take advantage of |
| dominiken | Dominican |
| domino | dominoes |
| don | talent, gift |
| donan | generous |
| done | data |
| donmaje | crippled |
| donmay | pity |
| donnen | bear (v), yield (fruit) |
| donte | tame, break a horse |
| dosye | file |
| dou | gentle, mild-mannered |
| doub | duplicate |
| doubli | lining, liner |
| douch | shower |
| doulè | ache, pain |
| doum | drum |
| doumbrèy | dumpling |
| dous | comfortable, cushy, sweet |
| dousman | slow(ly), gently |
| dout | doubt |
| douz | twelve |
| douzèn | dozen |
| dra | sheet |
| drapo | flag |
| dray | dry cleaner |
| dren | drain |
| drese | straighten |
| drèt | erect, straight |
| dri | frequently, closely spaced |
| drive | drift, hang around |
| dwa | right, freedom, power |
| dwat | right, straight, erect |
| dwat e gòch | reverse, flipped left and right |
| dwe | ought, must, owe |

| | |
|---|---|
| dwèt | finger |
| dwèt jouda | index finger |
| dwòg | drug |
| dwòl | odd, fishy, suspicious |
| dyab | devil |
| e | and |
| è | hour |
| ebenis | carpenter |
| echalòt | shallot |
| echanje | exchange (v), switch |
| echantiyon | sample |
| èd | help, assistance |
| ede | help, assist |
| edike | educate |
| efase | erase |
| efè | baggage, luggage |
| efò | effort |
| egal | equal, smooth (surface) |
| egal-ego | equally |
| egare | fool, idiot |
| egoyis | selfish |
| egza | precise |
| egzamen | exam(ination), test |
| egzamine | examine, explore |
| egzanp | example |
| egzema | eczema |
| egzèse | exercise (v), practice, train |
| egzèsis | exercise |
| egzile | exile |
| egziste | exist, to be |
| ekilib | balance |
| ekip | crew, team |
| ekiri | stable (for animals) |
| eklate | burst, blow up, explode |
| eklèsi | clear up |
| èkondisyone | air conditioner |

| | | | |
|---|---|---|---|
| ekran | screen (projection or computer) | enpòtans | importance |
| | | enpresyon | impression |
| | | enprimant | printer |
| ekrevis | shrimp | enprime | print |
| ekri | write, written, record | ensilte | insult (v) |
| | | ensipòtab | unbearable |
| ekriti | handwriting, text | ensiste | insist |
| eksepte | except | enskri | enroll, register |
| eksite | excite, excited | enstriman | instrument |
| ekwou | nut (for a bolt) | entansyon | intention |
| elastik | elastic, rubber band | entelijan | clever, intelligent, sly |
| eleksyon | election | entènasyonal | international |
| elektrik | electric | entène | hospitalize |
| elektrisyen | electrician | entènèt | Internet |
| elektwonik | electronic | enterè | interest |
| elèv | pupil, student | enteresan | interesting |
| elevasyon (poud) | baking powder | enteresan anpil | fascinating |
| | | enterese | interested |
| elikoptè | helicopter | entèvyou | interview |
| elimine | eliminate, disqualify | entewonp | interrupt |
| | | envante | invent |
| elis | propeller | envantè | inventory |
| elve | raise (v) | envitasyon | invitation |
| emab | likeable | envite | invite (v), guest |
| emoraji | hemorrhage | epe | sword |
| emowoyid | hemorrhoid | epè | thick |
| en | one (number) | epeng | pin |
| endepandan | independent | epeng cheve | bobby pin |
| endepandans | independence | epeng kouchèt | safety pin |
| endispoze | faint (v), pass out | epeng ti tèt | straight pin |
| | | epi | and |
| endispoze | unconscious, faint (v) | epis | seasoning |
| | | eple | spell (v) |
| endispozisyon | fainting spell | epòk | period of time |
| endistri | industry | eponj | sponge |
| enferyè | jerk | eprèv | test, trial (of life) |
| enfim | crippled | ere | fortunate |
| enfimyè | nurse | erè | mistake |
| enfliyans | influence | eritay | inheritance |
| enfòmasyon | information | eritye | inherit |
| enganm | spry | esans | vanilla, essence (of vanilla) |
| enjennyè | engineer | | |
| enkyè | anxious | esèy | try |
| enmède | disturb, irritate | eseye | try (v), attempt, test (v), try on |
| enpòtan | important | | |

| | | | |
|---|---|---|---|
| eskalye | stairs | evèk | bishop |
| eskandal | uproar | evenman | event |
| eskèlèt | skeleton | evite | avoid |
| eskive | dodge | evye | sink |
| eskiz | apology, excuse | expoze | expose, display |
| eskize | excuse (v) | ezite | hesitate |
| esklav | slave | fa | lighthouse, |
| eskòpyon | scorpion | | lipstick |
| espageti | spaghetti | fache | angry |
| espas | space | fad | bland |
| espere | hope (v) | faktè | mailman, |
| esperians | experience, | | postman |
| | experiment | fakti | bill (v) |
| espikè | announcer | faktori | factory |
| esplikasyon | explanation | falèz | cliff |
| esplike | explain | fame | famous |
| espozisyon | show, display | fanatik | fan |
| espre | deliberately, | fanfa | brass band |
| | intentionally | fanm | woman |
| espwa | hope | fanm deyò | mistress |
| estad | stadium | fanmasi | pharmacy, |
| estasyon | bus station | | drugstore |
| estasyon gazolin | gas station | fanmi | family, kin, |
| estatè | starter (engine) | | related, |
| estènen | sneeze | | relative |
| estidjo | beauty shop | fanmsay | midwife |
| estimasyon | estimate | fann | split (v) |
| eta | condition, state | fannal | lantern |
| etabli | settled, | fant | crack |
| | workbench | farin | flour, grain meal |
| etaj | flight, story | farin frans | wheat flour |
| | (building) | | (white) |
| etajè | shelf | farinay | mist |
| etalon | stallion | farinen | drizzle, |
| etan | given | | sprinkle (v) |
| ete | summer | fas anba | face down |
| etensèl | spark | fasil | easy |
| etidye | study | fason | manner, style |
| etikèt | label | fatige | tired |
| etòf | stuffing, rags | fatra | trash, garbage, |
| etranj | strange | | litter |
| etranje | foreign, | favè | favor |
| | foreigner | | |
| etwal | starfish | | |
| etwat | narrow | | |
| evantay | fan | | |

| Creole | English | Creole | English |
|--------|---------|--------|---------|
| fè | make, do, accomplish, bear offspring, iron, steel, horse-shoe | fè fou | drive someone crazy |
| | | fè gras | pardon (v) |
| fè afè | make a deal, do business | fè grèv | strike (v) |
| | | fè grimas | make a face |
| fè ale | repel | fè jenn | to fast |
| fè aliman | align | fè kadejak sou | rape (v) |
| fè apante | survey (v) | fè kado | give away |
| fè aplikasyon | apply | fè kolboso | dent (v) |
| fè atansyon | take care | fè kòmann | order (v) |
| fè bagay | have sex | fè konfyans | trust (v) |
| fè bak | back up, reverse | fè konmsi | pretend |
| fè balansin | swing (v) | fè konn | inform, let someone know |
| fè blag | joke about, make a joke on | fè konnen | inform, let someone know |
| fè blan | tin | fè konnesans | meet |
| fè chofè | chauffeur (v) | fè konpliman | congratulate, praise (v) |
| fè chonje | bring back, remind | fè konplo | conspire, plot |
| | | fè lach | act cowardly |
| fè dan | teethe | fè lanmou | make love |
| fè de ling | drop someone a line | fè lapli | rain (v) |
| | | fè lè | stall |
| fè de mo | drop someone a line | fè lide | intend |
| | | fè mal | harm, hurt, ache |
| fè demach | pull strings | fè manje | cook (v) |
| fè desann | wash down | fè manti | lie (v) |
| fè desen | draw (v) | fè mennas | threaten |
| fè devwa ou | do one's duty or homework | fè nwa | dark |
| | | fè pè | frighten, scare |
| fè dezòd | misbehave | fè peche | sin (v) |
| fè distrè | distract | fè pi byen | improve |
| fè djòlè | brag | fè pitit | produce offspring |
| fè dlo | run (liquid) | fè plent | complain |
| fè dòmi | knock someone out | fè plezi | please (v) |
| | | fè pose | sue |
| fè egzèsis | drill, exercise (v) | fè potre | photograph (v), draw (a picture) |
| fè endispozisyon | faint (v), pass out | | |
| fè entèvyou | interview (v) | fè preparasyon | prepare, plan (v) |
| fè erè | err, go wrong | fè rapo | report (v) |
| fè estimasyon | appraise | fè rasin | root (v) |
| fè fèt | celebrate | fè reklam | advertise |
| fè fòje | wrought iron | fè repetisyon | rehearse |

| | | | |
|---|---|---|---|
| fè repons | write back | fèmen | close (v), |
| fè reyinyon | meet | | closed, |
| fè ri | amuse | | corner (v), |
| fè sanblan | pretend | | lock (v), |
| fè sèman | swear an oath, | | locked, |
| | swear that | | shut (v), shut |
| fè siy | gesture | | down, turn off |
| fè sote | startle | fèmen a kle | lock (v) |
| fè tankou | pretend, act as | fèmen deyò | lock someone |
| | though | | out |
| fè tiyo | pipe | fèmen nan | imprison |
| fè tonbe | spill (v) | prizon | |
| fè travay | work (v) | fen | fine, thin, end, |
| fè tripotay | gossip (v) | | fine |
| fè van | fart | fenèt | window |
| fè vit | hurry (v) | fenk | only just |
| fè vwadlo | spring a leak | fenmèl | female |
| fè wè | show | fenmèl chen | bitch |
| fè wont | disgrace (v), | fenmèl kochon | sow |
| | embarrass, | fenmèl mouton | ewe |
| | humiliate | fennen | wilt |
| fè woti | roast | feray | scrap iron |
| fè woul | play hooky | fèt | birthday, born, |
| fè woulèt | hem (v) | | celebration, |
| fè woulib | coast (v) | | holiday, party, |
| fè yan | flash (v) | | feast |
| fè yon efò | make an effort | fete | party (v) |
| fè yon koub | curve (v) | fetich | fetish, charm |
| fè yon kous | race (v) | fevriye | February |
| fè yon pitit | have a baby | fewòs | fierce |
| fè yon poze | rest (v) | fèy | leaf, sheet |
| fè yon prèch | preach | fèy sable | sandpaper |
| fè yon tèt | unite | fèyay | greens |
| ansanm | | fi | girl, daughter, |
| fè yon tou | bore a hole | | female |
| fè zanmi | make friends | fich | receipt |
| fèb | weak, dim, | fidèl | faithful, loyal |
| | feeble | fig | banana |
| fèblès | weakness | figi | face |
| febli | weaken | fiks | squarely |
| fè-l vini pi gran | increase | fikse | stare |
| fè la bab | shave | fil | thread, line, wire |
| fele | crack (v) | fil arenyen | spider web |
| fèm | firm, farm, lease | fil fè | barbed wire, |
| femèl | female | | wire |
| | | fil kouran | electric wire |

| | | | |
|---|---|---|---|
| filaplon | plumb line | fòm | shape, form |
| file | thread (v), string (v), sharp, sharpen, spin (yarn), tail (v) | fòmann | foreman |
| | | fòme | form (v) |
| | | fomi | ant |
| | | fon | deep, bottom, forehead |
| filè | hair net, net | fondasyon | foundation |
| filt | filter | fondè | depth |
| fim | film, movie | fonmay | cheese |
| fimen | smoke (v), smoking | fonn | dissolve, melt |
| | | fonse | dark, sink (v) |
| fimye | manure | fonse sou | charge (v) |
| fin peye | pay off | fontyè | border |
| fini | finish, complete (v), finished | forè | forest |
| | | fòs | force, grave, strength |
| fisèl | cord, string | fòse | force (v) |
| fistibal | slingshot | fòse antre | draw in(to) |
| fiyanse | engaged, fiancé(e) | foseyè | grave digger |
| | | foskouch | miscarriage |
| fiyèl | godchild | fot | mistake, penalty |
| fizi | rifle, gun | fòt | fault |
| fiziye | shoot | fotèy | couch |
| flach | flashlight, flash | fòtifyan | nutritious |
| flakon | vial | foto | photograph, picture |
| flanen | idle (v) | | |
| flanm | flame | fou | crazy, insane, oven |
| flannè | idler | | |
| flè | flower | foubi | scour |
| flèch | arrow, dart | fouch | fork (other than tableware) |
| flenm | phlegm | | |
| fleri | bloom | fouchèt | fork (tableware) |
| flit | flute | fouk | crotch |
| flite | spray | foul | crowd |
| flòk | baggy | foula | scarf |
| flote | float | foule | sprain |
| fo | false, fake | founi | furnish, bushy |
| fò | strong, loud, must | foure | insert |
| | | foutbòl | soccer |
| fo dan | false teeth | fouyapòt | busybody, nosy |
| fo pwen | brass knuckles | fouye | dig (v), search |
| fòj | forge | frajil | fragile, brittle, delicate |
| fòjon | blacksmith | | |
| fòjwon | blacksmith | franj | fringe |
| fòk | must | frans | France, French (style) |
| foli | madness | | |

| | | | |
|---|---|---|---|
| franse | French (language and people) | gadkòt | coast guard |
| | | gad-manje | cupboard |
| frape | hit (v), knock, tap (v), strike (v) | gadyen | goalie, watchman |
| | | gaga | stupid, foolish |
| | | gagann | throat, larynx |
| fraz | phrase, sentence, banter | gagari | gargle |
| | | galata | loft |
| | | galeri | porch |
| fre | cool, fresh | galon | gallon, stripe |
| frè | brother | galope | gallop |
| fredi | cold, chill, arthritis | gan | glove |
| | | garaj | garage |
| frekan | impertinent | garanti | assure, collateral |
| fren | brakes | | |
| frenn | spear | gason | boy, male, son, waiter |
| frennen | brake (v), spear (v) | | |
| | | gaspiyaj | waste |
| frèt | cold | gaspiye | waste (v), go to waste |
| frèz | strawberry | | |
| fri | fried, fry | gate | spoil, ruin (v) |
| frijidè | refrigerator | gato | cake |
| fwa | liver, occasion, time | gaye | spread (v), scatter |
| fware | stripped | gaz | gas |
| fwenn | spear | gazèl | heifer |
| fwèt | whip | gazolin | gasoline |
| fwi | fruit | gazon | grass, lawn |
| fwomaj | cheese | gazòy | diesel fuel |
| fwontyè | border, frontier | ge | merry |
| fwote | rub | gedj | gauge, dipstick |
| fyè | proud | gen | get, have, win |
| fyèl | bile, gall bladder, stamina | gèn | girdle |
| | | gen chans | lucky |
| | | gen diferans | differ |
| fyèl pete | backbreaking | gen dwa | maybe, might |
| fyouz | fuse | gen enpòtans | be important, count (v) |
| ga | railroad station | | |
| gabèl | head start | gen je nan do | have eyes in the back of one's head |
| gachèt | trigger | | |
| gad | guard | | |
| gade | look (v), check (v), stare (v), watch (v), store (v) | gen kè di | hard hearted, callous |
| | | gen konesas | conscious |
| | | gen lè | apparently |
| | | gen lespri | clever, wise |

| Creole | English | Creole | English |
|---|---|---|---|
| gen lide | have a mind to, intend | goudwon | tar |
| | | goumen | fight (v) |
| gen lontan | long ago | goumèt | bracelet |
| gen odas | dare | gous | pod |
| gen reta | fall behind | gout | drop |
| gen sans | add up | gout lapli | raindrop |
| gen tan | already | goute | taste (v) |
| genyen | win, have, own (v), there is | gouvènay | rudder |
| | | gouvènen | govern, rule |
| | | goyin | handsaw |
| gèp | wasp | gra | fat |
| geri | cure (v), heal (v) | grad | rank |
| gerizon | recovery | gradoub | tripe |
| gid | guide | graj | grater |
| gidon | handlebars | graje | grate, scrape |
| gigit | penis | gran | great, big |
| gildiv | distillery | gran gran gran | immense |
| gita | guitar | gran nèg | big shot, VIP |
| glas | ice, mirror | gran tay | tall |
| glase | frozen, iced | granchire | braggart |
| glason | ice cube | grandè | size |
| glasyè | ice box, cooler | grandèt | elder, old person |
| glè | phlegm | grangou | hunger, hungry, famine |
| glise | slide, slip (v), slippery | | |
| | | grangòzye | pelican |
| glòb | blister | granmesi | free |
| glwa | glory | granmoun | adult, grown-up |
| gobe | gulp | grann | grandmother |
| goch | left, awkward | granpapa | grandfather |
| goche | left-handed | grantchalè | gonorrhea |
| gode | cup (metal), tin can | gras | pardon, grace |
| | | gras a | thanks to |
| goj | throat | grate | scratch (v), itch (v), scale (v), scrape (v), shave (v) |
| gòje | sip, swallow | | |
| gòl | pole, goal (soccer) | | |
| | | | |
| gon | hinge (type) | grate plim | |
| gonbo | okra | grate tèt | scratch your head, ponder, wonder |
| gonfle | swell (v), swollen, bloated | | |
| | | gratèl | itch |
| gonfleman | indigestion | gratis | free, complimentary |
| gonm | eraser, gum | | |
| gou | flavor, taste, tasty | grav | serious, grave |
| | | grave | engrave |
| goudi | oar | gravye | gravel |

| | |
|---|---|
| grefe | graft |
| grenn | capsule, grain, pill, seed, tablet, testicle |
| grenn kolye | bead |
| grenn lapli | raindrop |
| grenn planing | birth-control pill |
| grennen | scatter |
| grenn ponmennen | vagrant |
| grèp | coffee sock |
| grès | grease |
| grese | grease (v), lubricate |
| grèv | strike |
| gri | gray, grill |
| grif | claw |
| grifonnen | scratch, scrawl |
| grifonyen | scribble |
| grimas | to make faces, ugliness |
| grip | cold, flu |
| griyad | grilled meat |
| griye | grill (v), toast |
| griyen | grin |
| gwayav | guava |
| gwo | big, coarse, great |
| gwo chabrak | dignitary |
| gwo chodye | caldron |
| gwo gwo | immense |
| gwo lajounen | in broad daylight |
| gwo lannuit | dead of night |
| gwo lo | jackpot |
| gwo midi | high noon |
| gwo resepsyon | banquet |
| gwo soulye | crude |
| gwo tèt | big boss |
| gwo van | gale |
| gwo zòtèy | big toe |
| gwo zotobre | big shot, VIP |
| gwòg | grog, booze |
| gwonde | growl |
| gwosè | size |
| gwosès | pregnancy |
| gwosye | rude, coarse, rough |
| gwoup | group |
| hanga | shed |
| idantite | identity |
| ijenik | clean |
| il | island |
| imaj | picture |
| imajine | imagine |
| imè | humor |
| imel | e-mail |
| imid | damp, humid |
| imigrasyon | immigration |
| imite | imitate |
| imonde | prune (v) |
| ini | unite |
| inifòm | uniform |
| inisye | initiate |
| initil | useless, vain |
| inosan | innocent |
| ipokrit | hypocrite |
| ipotèk | mortgage |
| ipoteke | mortgage (v) |
| ise | hoist |
| isi | here |
| isit | here |
| istwa | story |
| itil | useful |
| ivè | winter |
| iwondèl | swallow |
| izin | factory, plant |
| ja | crock |
| jaden | garden, field |
| jako | parrot |
| jal | general |
| jalou | jealous |
| jalouzi | jealousy, envy |
| jan | way, manner |
| janbe | to cross (a river) |
| janbon | ham |
| janchwa | anchovy |
| jandam | policeman |
| janm | leg, never |
| janm pantalon | pant leg |
| janmen | never, ever |
| jansiv | gum |

| | | | |
|---|---|---|---|
| jant | rim | jodi a | today |
| janti | gentle, kind | jòfi | swordfish |
| janvye | January | jokè | joker |
| jape | bark (v) | jòn | yellow |
| jasmendawi | jasmine | jòn abriko | orange |
| je | eye | jou | day |
| je kat | deck of cards | jouda | traitor |
| jedi | Thursday | joudlan | New Year's Day |
| jele | jelly | jouk | until, roost, yoke |
| jèmen | germinate | jouman | slander |
| jen | June | joumou | pumpkin |
| jeneral | general | jounal | newspaper |
| jenere | generous | jounalis | journalist |
| jenès | youth, slut | jounen | day, daytime |
| jenjanm | ginger | joure | cuss, scold, |
| jenn | young | | swear |
| jennen | inhibited, | jwa | joy |
| | narrow, hinder | jwe | play (v), wiggle, |
| jenou | knee | | act (actor) |
| jeran | custodian | jwè | player |
| jete | discard, bail, | jwe ak | gamble with |
| | blow down | jwe ak dife | play with fire |
| jete dlo | bail | jwe aza | gamble (v) |
| jete pitit | abort | jwen | joint |
| Jezi | Jesus | jwenn | find (v), |
| ji | juice | | discover, get, |
| jibye | game | | join |
| jigo | leg of meat | jwenn ak\avè(k) | catch up to |
| jij | judge | jwenti | joint |
| jije | judge (v), try (v) | jwenti dwèt | knuckle |
| jijman | judgment, trial | jwenti pye | ankle |
| jilèt | razor blade | jwèt | game, toy |
| jiman | mare | jwif | Jew |
| jip | skirt | ka | case, quarter, |
| jipon | slip | | fourth |
| jire | swear | ka fèt | feasible |
| jis | narrow, on the | ka(b) | be able to, |
| | dot, until | | can (v), might |
| jis ki bò | how far | kaba | finish, finished |
| jis ki kote | how far | kabann | bed |
| jis leson | moral of the | kabare | tray |
| | story | kabicha | doze, nap |
| jistan | until | kabinè | law firm, |
| jistis | justice | | bathroom |
| jiwòf | clove | kabiratè | carburetor |
| jiyè | July | kabrit | goat |

| | | | |
|---|---|---|---|
| kabwèt | cart, wagon | kalòt | slap |
| kache | hide (v) | kalson | underpants |
| kacho | cell, dungeon | kamyon | truck |
| kachte | seal (v) | kamyon fatra | garbage truck |
| kad | cot | kamyon sitèn | tank truck |
| kadav | corpse | kamyonnèt | pickup truck, |
| kadejak | rape | | station wagon |
| kadna | padlock | kan | camp |
| kadna sekrè | combination lock | kanal | canal, channel |
| kado | gift, present | kanape | sofa |
| kafe | coffee | kanaval | carnival |
| kafetyè | coffeepot | kandida | candidate |
| kafou | intersection, | kanè | bankbook, |
| | crossroad | | report card |
| kafouyay | confusion | kanè chèk | checkbook |
| kagoul | hood | kanèl | cinnamon |
| kajou | mahogany | kanf | camphor |
| kaka | dung, shit | kanif | pocketknife |
| kaka kleren | lush, drunk | kanistè | canister |
| kaka zòrèy | ear wax | kanmenm | anyhow |
| kakas | carcass | kann | sugar cane |
| kakawo | cacao | kanna | duck |
| kakaye | cackle | kannal | vagina |
| kal | whipping, calm, | kannal pipi | urethra |
| | peaceful, hold | kanni | mildewed, |
| | (ship), scale | | moldy, musty |
| | (fish), shell | kanno | cannon |
| kalbas | gourd | kannòt | rowboat |
| kale | spank, defeat, | kanpe | stand (v), |
| | hatch, peel, | | standstill |
| | shell (v), stall | kansè | cancer |
| kale je ou | keep one's eyes | kantik | hymn |
| | peeled | kantin | canteen |
| kalewès | loaf (v) | kantite | quantity, amount |
| kalite | kind, quality, | kap | dandruff, kite |
| | style, variety | kapab | can (v), able, |
| kalkil | arithmetic | | might |
| kalkilatris | caculator | kapital | capital |
| kalkile | calculate, | kapitèn | captain |
| | consider | kapo wou | hubcap |
| kalkile sou | dwell upon | kapon | coward |
| kalme | calm down, | kaponnay | intimidation |
| | ease, relieve | kaponnen | intimidate |
| kalmi | lull | kaporal | corporal |
| kalòj | cage | kapòt | condom |
| kalonnen | pelt | kapòt (motè) | hood |

| | |
|---|---|
| karaktè | character |
| karamèl | caramel |
| karang | louse, jack fish |
| karant | forty |
| karapat | tick |
| karapat karèt | turtle shell |
| karapat tòti | turtle shell |
| kare | square, blunt, frank |
| Karèm | Lent |
| kareman | outright, in no uncertain terms |
| karese | pet |
| karèt | sea turtle |
| kas | helmet |
| kasav | cassava bread |
| kase | break (v), break off, break open |
| kase koub | turn a corner |
| kasèt | cassette tape |
| kaskèt | cap |
| kastwòl | kettle, pan, saucepan |
| kat | card, cards, four, map |
| kat blanch | search warrant |
| kat didantite | id card |
| katab | folder |
| katach | AIDS |
| katedral | cathedral |
| kategori | category |
| katolik | Catholic |
| katon | cardboard |
| katòz | fourteen |
| katreven | eighty |
| katreven dis | ninety |
| katye | neighborhood |
| kavalye | rider |
| kavèn | cave |
| kaw | crow (bird) |
| kawo | check, diamonds, tile |
| kawòt | carrot |
| kawoutchou | hose, rubber, tire |

| | |
|---|---|
| kay | dwelling, building |
| kaye | notebook, clot (v), curdle |
| kazèn ponpye | fire station |
| ke | tail |
| kè | heart, core |
| ke chemiz | shirttail |
| kè di | heart of stone |
| kè ou fè ou mal pou | one's heart goes out to |
| kèd | lukewarm |
| kèk | some, few |
| kèlkelanswa | whichever |
| kenbe | hold, capture, keep, contain, support (v) |
| kenbe kò ou | take care |
| kenbe pou | cover for, fill in for |
| kenz | fifteen |
| kès | case, bass drum, cash register |
| kès depany | savings bank |
| kesye | cashier |
| kesyon | question |
| kesyonen | question (v) |
| kèt | collection |
| kètchòp | catsup |
| keyi | pick, gather fruit |
| ki | what, who, keel |
| ki fè souvan | frequent |
| ki jan | how |
| ki kote | where |
| ki lè | when, at what time |
| ki moun | who |
| ki sa | what |
| kidonk | therefore |
| kilès | which |
| kilòt | panties |
| kilt | worship service |
| kilti | crop, agriculture |
| kiltivatè | farmer |

| | | | |
|---|---|---|---|
| kim | foam, lather, suds | klotire | fence (v) |
| kimen | foam (v) | klou | boil, nail, sty |
| kipay | harness | kloure | nail (v) |
| kirye | curious | kò | body, bunion, corn, corpse |
| kis | cyst | | |
| kisasa | what's his name | kòb | money |
| kisè | cursor | kòbiya | hearse |
| kit | even | kòbòy | cowboy, western |
| kite | leave, allow, break up, check out, desert, quit | kòche | skin (v) |
| | | kochon, vyann kochon | hog, pig, pork |
| | | kochondenn | guinea pig |
| kite antre | admit | kochte | dock (v), latch |
| kite pou demen | postpone | kòd | rope, string |
| kite tonbe | drop (v) | kòd lonbrit | umbilical cord |
| kivèt | washtub, dishpan | kodak | camera |
| | | kodase | cackle |
| kiyè | spoon, spoonful | kodenn | turkey |
| kizin | kitchen | kòdonye | shoemaker |
| kizinyè(z) | cook | kòf | trunk |
| klaksonn | horn | kòfrefò | safe |
| klaksonnen | honk | kòk | cock, rooster, hull (boat) |
| klarinèt | clarinet | | |
| klas | class, classroom, grade | koke | hang (v) |
| | | koken | tricky, sly, a cheat |
| klase | file (v) | koki | shell |
| klavye | keyboard | koklich | whooping cough |
| kle | key, wrench | kokobe | cripple, crippled, handicapped |
| klè | bright, clear, fair | | |
| kle anglèz | monkey wrench | kokomakak | club |
| kle kola | bottle opener | kokonèt | cupcake |
| klere | glow, lit up, shine (v) | kòkòt | sweetheart |
| | | kokoye | coconut |
| kleren | rum | kòl | tie |
| klewon | bugle | kola | soda pop |
| klinik | clinic | kolboso | dent |
| klips | paperclip | kole | stick (v), stuck, cling to, collar, glue (v) |
| klipsè | stapler | | |
| klis bwa | splinter | kolè | anger, temper |
| klitoris | clitoris | kole ak | next to |
| kliyan | customer | kole kole | right next to |
| klòch | bell | kolerin | dysentery |
| klòtch | clutch | kolèt | burlap |
| kloti | fence | kòlgat | toothpaste |

| Creole | English | Creole | English |
|--------|---------|--------|---------|
| kolonèl | colonel | konnen | know (v), be up |
| koloni | colony | | on, know how, |
| kolye | necklace | | know of |
| kòm | as long as, since | konnesans | consciousness |
| kòmande | order (v) | konngout | dropper |
| kòmann | order | konpa | compass |
| kòmanse | begin | konpare | compare |
| komès | commerce | konparèt | coconut bread |
| komisyon | commission | konpayi | company, firm |
| komite | committee, | konpitè | computer |
| | council | konplete | complete (v) |
| kòn | horn, shoehorn | konplètman | completely, |
| kòn lanbi | conch shell horn | | absolutely |
| konba | struggle, combat | konplike | complicated, |
| konbyen | how many/much | | involved |
| kondane | condemn, | konpliman | compliment, |
| | sentence | | congratula- |
| kondisip | schoolmate | | tions |
| kondisyon | condition, terms | konplimante | congratulate, |
| kondwi | lead (v), guide, | | praise |
| | steer | konplo | plot |
| kondwi tèt | behave | konpozisyon | exam(ination), |
| kòne | cone | | test |
| kònè | earphone | konprann | understand |
| kònen | buzz | konprann mal | misunderstand |
| konferans | lecture | konprès | compress |
| konfese | confess | konsa | thus, so |
| konfesyon | confession | konsa konsa | lightly |
| konfiti | preserves, jam | konsève | preserve, |
| konfonn | mix up | | store (v) |
| konfyans | confidence, trust | konsèy | advice, |
| konfyolo | cahoots | | recommendati |
| konje | leave, vacation | | on |
| konkiran | competitor, rival | konseye | advise, adviser, |
| konkonm | cucumber | | suggest |
| konkou | contest, help | konsidere | regard (v), |
| konminyen | take communion | | consider |
| konmisyon | errand, | konsiltasyon | examination |
| | message | | (medical) |
| konmsi | as if | konsolasyon | comfort |
| konn | use to, know to | konstipasyon | constipation |
| konn sou | have something | konstipe | constipated |
| | on | konstitisyon | constitution |
| konnekte | connect, plug in | konsyans | conscience |
| | | kont | quarrel, grudge, |
| | | | against, fable |

| | |
|---|---|
| kontab | accountant, bookkeeper |
| kontablite | accounting |
| kontak | contact |
| kontamine | contaminate |
| kontan | happy, glad |
| konte | count (v), depend |
| kontinye | continue |
| kontra | contract |
| kontrarye | hamper |
| kontre | meet |
| kontrebann | contraband |
| kontwa | counter |
| kontwòl | control, jurisdiction |
| kontwole | check (v), review, examine |
| konvèti | convert |
| konwè | like, as |
| konwonpi | corrupt |
| kopliman | praise |
| kopye | copy (v) |
| koral | choir |
| kore | prop (v), chock (v) |
| korèk | proper |
| koresponn | match (v), fit (v) |
| korije | correct (v), discipline (v), punish |
| kòs | bark |
| kòsay | blouse |
| kostim | suit |
| kostim de ben | bathing suit |
| kot | coast |
| kòt | rib |
| kòtakòt | side by side |
| kote | place, side, where |
| kotèks | sanitary napkin |
| koton | cotton |
| kou | blow, class, course, neck |
| koub | curve |

| | |
|---|---|
| koube | bend, bow (v) |
| kouch | coat, crud |
| kouche | lie down, go to bed, bedridden |
| kouche plat | horizontal |
| kouchèt | diaper |
| koud | sew, elbow |
| koudeta | coup d'état |
| koujin | shed |
| koukouy | firefly |
| koule | leak (v), filter (v), sink (v), strain (v), flow, flunk |
| koulè | color |
| koulèv | snake |
| koulin | mountain side, slope, flank |
| koulout | tightwad |
| koulwa | hallway |
| koulye a | at once, currently |
| kouman | how |
| kounan | knock-kneed |
| kounouk | shack |
| kounye a | at once, currently |
| koup | trophy |
| koupab | guilty |
| koupe | cut, cut off, cut down |
| koupi | crouch |
| kouplè | verse, hinge |
| kouplè kadna | hasp |
| koupon | remnant |
| kouraj | courage |
| kouraje | brave |
| kouran | current, electricity |
| kourandè | draft |
| kouray | energy |
| koure (kochon) | boar |
| kouri | run |
| kouri dèyè | chase, pursue |
| kous | race (contest) |
| kousen | cushion |

| Creole | English |
|--------|---------|
| kout | short, blow, bolt, clap, flash |
| kout fizi | gunshot |
| kout lang | slander |
| kout pye | kick |
| kout san | stroke |
| koute | cost (v), listen |
| koute anbachal | eavesdrop |
| kouti | sewing, stitch |
| koutim | custom |
| koutiryèz | seamstress |
| koutmen | hand |
| kouto | knife |
| kouto digo | sickle |
| kouvèti | cover, lid |
| kouvrefe | curfew |
| kouvreli | bedspread |
| kouvri | cover (v), covered, coated |
| kouwa | belt |
| kouwè | like, as |
| kouwòn | crown |
| kouyè elektronik | e-mail |
| kouzen | cousin (male) |
| kouzin | cousin (female) |
| kowosòl | sour sop |
| koz | cause |
| koze | chat, conversation, chat (v) |
| kozè | talker |
| kozman | conversation |
| krab | crab |
| krache | spit, spittle, saliva |
| kranpon | cleat |
| krapo | frog, toad |
| kraponnay | intimidation |
| kraponnen | chicken out, intimidate |
| kras | dirt, crud, stingy |
| kravat | necktie |
| kraze | break, crush, chew, mash |
| kraze kò ou | exhaust |
| kraze moral | devastate |
| kre | hollow |
| kreati | creature |
| kredi | credit |
| krèm | cream, ice cream |
| krèm bab | shaving cream |
| krentif | fearful |
| krepi | plaster (v) |
| kreson | watercress |
| krèt | cockscomb |
| kretyen | Christian |
| kretyen vivan | human being |
| kreve | puncture |
| kreyòl | Creole |
| kreyon | pencil |
| kri | raw |
| kribich | crawfish, crayfish |
| krikèt | cricket |
| krim | crime |
| krinyè | mane |
| krisifi | crucifix |
| kritike | criticize |
| kriye | cry (v), squeak |
| kriz kè | heart attack |
| kui | leather |
| kuis | thigh |
| kuit | cook (v), cooked |
| kuiv | copper |
| kwa | cross |
| kwafè | barber, barber shop |
| kwake | although |
| kwaze | cross (v) |
| kwaze ak | bump into, run into |
| kwè | believe, imagine, suppose, think |
| kwen | corner |
| kwi | gourd bowl |
| kwi tèt | scalp |
| kwochèt | hook |
| kwòk | hook |
| kwout | scab, crust |

| Creole | English | Creole | English |
|--------|---------|--------|---------|
| la | here, there | lak | bait, lake |
| lab veritab | bread-fruit | lakansyèl | rainbow |
| laba a | over there | lakay | at home, home |
| labank | bank | lake | bait (v) |
| labapin | bread-fruit nut | lakizin | kitchen |
| labatwa | slaughterhouse | lakòl | glue |
| Labib | Bible | lakolèt | collection |
| labou | mud | lakou | yard |
| labouyi | porridge | lakòz | cause |
| labrin | dusk | lakranp | cramp |
| lach | slack, cowardly | lakrè | chalk |
| lachanm | congress | lalin | moon |
| lacharite | charity, handout | laliy | taxi |
| lachas | hunt | lalwa | law |
| lacho | lime, slaked lime | lalwèt | uvula |
| ladwann | customs | lam veritab | breadfruit |
| lafimen | smoke | lamarye | bride |
| Lafrik | Africa | lame | army |
| lafwa | faith, trust | lamedsin | medicine |
| lafyèv | fever | lamès | mass service |
| lage | dismiss, drop (v), dump (v), get out, let go, let off, let out, let someone down, set free | lamòd | fashion |
| | | lan | slow, in |
| | | lanbi | conch |
| | | lanèj | snow |
| | | lanfè | hell |
| | | lang | language, tongue |
| lagè | war | lank | anchor, ink |
| lage devenn sou | jinx (v) | lanm | blade, wave, breadfruit |
| lage sou | pin something on | lanmè | ocean, sea |
| lage souf ou | exhale | lanmen | handshake |
| laglwa | glory | lanmidon | cassava flour, starch |
| lagratèl | itch, sea lice | | |
| lagrèl | hail | lanmò | death |
| laj | age, baggy, wide | lanmori | cod |
| | | lanmou | love |
| lajan | money | lannuit | nighttime |
| lajè | width | lanp | oil lamp |
| laji | spread, widen | lansan | incense |
| lajònis | jaundice, yellow fever | lantiray | fence (v) |
| | | lanvè | inside out, reversed, reverse (fabric) |
| lajounen | day, daytime | | |
| lajounen kou lannuit | around the clock, day and night | lapè | peace |
| | | lapèch | fishing |

| | | | |
|---|---|---|---|
| lapen | rabbit | lekipay | harness |
| lapenn | sorrow | lekòl | school |
| laperèz | fear | lekòl primè | elementary |
| lapèsòn | so-and-so | | school |
| lapli | rain | lelit | elite, upper |
| lapolis | police | | class |
| lapòs | post office, mail | leman | magnet |
| lapriyè | pray | lemonni | pneumonia |
| larad | harbor, coast | lendi | Monday |
| lari | street | lene | eldest |
| larim | mucus, snot | lenn | blanket, wool |
| larivyè | river | lennmi | enemy |
| las | ace | lèp | leprosy |
| lasal | living room | lès | east |
| lasante | health | lese tonbe | drop (v) |
| lasentsèn | communion | lesepase | pass |
| lasèt | shoelace | lesiv | laundry, wash |
| lasi | wax | leson | lesson |
| latè | earth, ground, | lespri | spirit, |
| | world | | intelligence, |
| Latousen | All Saints' Day | | mind |
| lavabo | sink | lespri bòne | narrow-minded |
| lavalas | torrent, landslide | lespwa | hope |
| lavant | sale | lestonmak | chest |
| lave | wash (v) | leswa | evening |
| laverite | truth | lèt | letter, milk |
| lavi | life, lifetime | leta | state, |
| lavil | city, town | | government |
| lavil la | downtown | letan | lake |
| lavman | enema | leti | lettuce |
| lawoujòl | measles | lèv | lips |
| lawouze | dew | levanjil | Gospel, |
| lay | garlic | | Protestant |
| laye | winnow, | leve | arise, germinate, |
| | winnowing tray | | lift (v), |
| lè | air, time, hour, | | raise (v), |
| | when, while | | rear (v), |
| le monn | world | | awaken |
| le swa | nights | leven | yeast |
| lè vizit | visiting hours | levye machin | gearshift (lever) |
| lèd | ugly | Lewa | Epiphany |
| legim | vegetable | lèz | strip |
| legliz | church | li | read, he, her(s), |
| lejè | light | | him, his, it, she |
| lejè tankou yon | light as a feather | lib | free |
| pay | | libète | liberty |

| | | | |
|---|---|---|---|
| libreri | bookstore | lòt | another, |
| lide | hunch, idea, | | different, new, |
| | opinion | | other |
| likid | fluid, liquid | lòt kote | elsewhere |
| lim | file | lota | heat rash |
| limen | file (v), light (v) | lòtbò | abroad |
| limit | boundary, limit | lotèl | altar |
| limon | slime | lòtrejou | the other day |
| limon lanmè | algae | lotri | lottery |
| limonnad | limeade | lou | heavy |
| limyè | light | louch | ladle |
| limyè machin | headlight | lougawou | werewolf |
| linèt | glasses | loup | magnifying glass |
| linèt solèy | sunglasses | lous | bear |
| lis | list, smooth | louvri | open (v) |
| lisans | driver's license | lwa | law, spirit |
| lise | high school | | (Voodoo) |
| lit | liter, struggle | lwanj | praise |
| lite | struggle (v) | lwaye | rent |
| liv | book, pound | lwe | rent (v) |
| livè | winter | lwen | distant, far |
| liy | line, stripe | lwès | west |
| lò | gold, when | lwil | oil |
| lòd | instructions, | lyèj | cork |
| | order | lyetnan | lieutenant |
| lojisyèl | program | ma | grounds, mast, |
| | (computer) | | sediment |
| lòk | lock | ma dlo | mud puddle, |
| lokatè | tenant | | puddle |
| lòn | cloth measure | ma drapo | flagpole |
| | (45 inches) | mab | marble, marbles |
| lonbray | shade, shadow | mabònmè | nun |
| lonbrit | navel | mabouya | lizard |
| lonè | honor | mach | step (stair), walk |
| long | long | machande | bargain (v) |
| longè | length | machandiz | merchandise, |
| lonje | point (v), | | goods, freight |
| | reach (v), | machann | vendor |
| | stretch (v) | mache | walk (v), |
| lonnvi | binoculars | | succeed, |
| lontan | for long, long | | crawl, run |
| lopital | hospital | | (thing), market |
| loray | thunder | mache ansanm | go together, |
| losti | host | | walk together |
| | (communion) | mache avèk | go with, hang |
| | | | around with |

| | | | |
|---|---|---|---|
| machin | car, machine | malarya | malaria |
| machin a ekri | typewriter | malè | misfortune |
| machin a koud | sewing machine | malediksyon | curse |
| machin ponpye | fire engine | maledve | rude, crude, |
| machpye | doorstep | | impolite, |
| machwè | cheek, jaw | | insolent |
| madan | Mrs. | maleng | wound, sore |
| Madanm | wife, lady | | (festering) |
| madi | Tuesday | malerezman | unfortunately |
| madichon | curse | malèt | suitcase |
| madivinèz | lesbian, dyke | malfini | hawk |
| madoka | homosexual | malgre | despite, for all, |
| madougoun | hernia | | in spite of, |
| madre | bright | | though |
| magazen | store, shop | malkadi | epilepsy |
| majistra | mayor | malkonprann | misunder- |
| majò | major | | standing |
| mak | bruise, make, | malmouton | mumps |
| | mark, scar, | malonnèt | dishonest |
| | track | malozye | conjunctivitis |
| mak pye | footprint | malsite | poverty |
| makak | monkey | maltèt | headache |
| makawoni | macaroni, | maltrete | abuse (v) |
| | noodle | mamit | can (tin) |
| make | label (v), | mamonnen | mumble |
| | mark (v), | manba | peanut butter |
| | record (v) | manbo | voodoo |
| makèt | supermarket | | priestess |
| maklouklou | hernia | manch | handle, sleeve |
| makonmè | friend (female), | manch pilon | pestle |
| | sissy | manchèt | machete |
| makonnen | tangled | manda | warrant |
| makrèl | whorehouse | mande | ask, beg, |
| makwo | mackerel | | request (v), |
| mal | male, badly, | | require, |
| | wrongly, evil, | | wonder (v) |
| | trunk | mande moun | ask around |
| mal makak | hangover | mande padon | apologize |
| malad | ill, sick, patient | mande pou | call for |
| maladi | disease, illness | mandjan | beggar |
| maladwat | awkward, | mango | mango |
| | clumsy | manje | food, dish, eat, |
| malagòch | awkward, | | chew up, |
| | clumsy | | corrode, |
| malalèz | uncomfortable | | erode, meal |
| malanga | taro (root) | manjè | eater |

| | | | |
|---|---|---|---|
| manje aswè | supper | mas | March, mask, sledge hammer |
| manje dan | grind one's teeth | | |
| manje midi | dinner | | |
| manje mo | slur | masay | massage |
| manje zong | bite one's fingernails | masisi | homosexual |
| | | mason | mason |
| manke | lacking, miss (v), shortage | masonn | stucco |
| | | matant | aunt |
| manke kuit | undercooked | match | match (sport) |
| manm | member, limb (body) | mate | bounce |
| | | maten | morning |
| manman | mama, mother | matènite | maternity ward |
| manman chwal | mare | matla | mattress |
| manman kochon | sow (pig) | matlo | sailor |
| manman vant | placenta | mato | hammer |
| manmèl | udder | matris | uterus |
| mannivèl | crank | mawon | brown, wild, in hiding |
| mant | mint, peppermint | | |
| mantè | liar | mawonnen | coil (v) |
| mantèg | lard | may | link |
| manti | lie | mayengwen | mosquito |
| manto | shawl, cloak | mayeto | generator |
| manton | chin | mayi | corn |
| manyen | feel (v), handle (v), touch (v) | mayi moulen | cornmeal |
| | | mayifik | magnificent, splendid grand, beautiful |
| manyezi | milk of magnesia | | |
| manyòk | cassava (root) | mayo | tee shirt |
| marasa | twin | mayonnèz | mayonnaise |
| marasa twa | triplet | me | May |
| mare | tie (v), attach, rig, clench, overcast, tide (sea) | mè | nun |
| | | mèb | furniture |
| | | mèch | bit (drill), wick |
| | | mechan | cruel, mean, wicked |
| marekay | swamp | | |
| marèl | hopscotch | mechanste | cruelty |
| maren | marine, navy | meday | medal, medallion |
| marengwen | mosquito | | |
| marenn | godmother | medikaman | medicine |
| mari | husband | mèg | skinny, lean |
| maryaj | marriage, wedding | mekanisyen | mechanic |
| | | mèkredi | Wednesday |
| marye | married, marry | mèl | grindstone, whetstone |
| | | melanje | combine, mix |

| Creole | English | Creole | English |
|--------|---------|--------|---------|
| melas | molasses | met men sou | get one's hands on |
| mele | interfere, be in a fix, mix up, tangled | met sik | sweeten |
| | | met tèt ou sou | put one's mind to |
| melon | melon, watermelon | metal | metal |
| melon frans | casaba melon, cantaloupe | mete | put, enclose, install, load (v), place (v), wear |
| memwa | memory | | |
| men | hand, but, here is\are, there is\are | mete adrès sou | address (v) |
| | | mete anreta | delay (v) |
| | | mete ansanm | join, work together |
| menm | same, equal, even (though) | mete deyò | expel, oust |
| menm jan | alike, just as | mete kanpe | stand (v) |
| menm kote | the instant | mete konfians nan | trust |
| menm kote a | instantly | | |
| menm sèl | alone | mete lòd | straighten up |
| menmsi | even if | mete nan boutèy | bottle (v) |
| mennaj | girlfriend, boyfriend | mete nan plàn | hock, pawn |
| | | mete nan plas | position (v) |
| mennas | threat | mete nan prizon | jail (v) |
| mennase | threaten | mete so | stamp (v) |
| mennen | bring, guide (v), lead (v) | mete sou | frame (v), pin on |
| | | meto | metals |
| mennen nan machin | drive (v) | metsin | laxative |
| | | metye | profession |
| menòt | handcuffs | mèvèy | wonder |
| mens | thin | mèveye | marvelous |
| meprize | ignore, slight | mezi | measurement, measure |
| merite | deserve, earn | | |
| mès | mass | mezire | measure (v), try on |
| mesaj | message | | |
| mèsi | thank you, thanks | mezondafè | pawnshop |
| | | mi | ripe, wall |
| mesye | mister, gentleman | midi | noon |
| | | midonnen | starch (v) |
| mèt | can (v), master, may (v), meter, owner | mikte | moisten |
| | | mikwo | microphone |
| | | mikwòb | germ |
| met a jenou | kneel | mil | thousand |
| mèt boutik | shopkeeper | milat | mulatto |
| met dife | set on fire | milatrès | mulatto |
| mèt kay | host | mile | mullet |
| met kòb | deposit (v) | milèt | mule |
| met men | tackle (a job) | miltiplikasyon | multiplication |

| Creole | English |
|--------|---------|
| miltipliye | multiply |
| milye | center, middle |
| milyon | million |
| minijip | miniskirt |
| minis | minister |
| minit | minute |
| minote | handcuff (v) |
| minui | midnight |
| mirak | miracle |
| mis | nurse |
| miskad | nutmeg |
| mistè | mystery |
| misye | mister, Mr. |
| misyonnè | missionary |
| mitan | center, middle, between |
| mitrayèz | machine gun |
| miyò | better |
| mize | dawdle, delay, museum |
| mizè | poverty, misery |
| mizerab | miserable |
| mizerikod | mercy |
| mizik | music |
| mizisyen | musician |
| mizo | muzzle |
| mo | word |
| mò | dead (n) |
| mòd | fashion, kind, style |
| mòde | bite (v), sting |
| modèl | model, pattern |
| modèn | modern |
| modtèt | headache |
| mòflè | muffler |
| mòg | morgue |
| molèt | calf |
| moman | moment, instant |
| mòn | hill, mountain |
| monnen | change, coins |
| monnonk | uncle |
| monpè | priest |
| monseyè | archbishop, bishop |
| mont | watch |
| montay | assembly line |
| monte | climb (up/in), roll up, increase (v), mark up, ride (v), assemble (an object) |
| monte tèt | inflate ones' ego, agitate |
| montre | demonstrate, point out, show (v), teach |
| mòpyon | crab louse\crabs |
| moral | moral, spirits |
| moso | piece, part, bit, lump, slice |
| motè | engine, motor |
| motosiklèt | motorcycle |
| mòtye | mortar |
| mou | soft |
| mouch | fly |
| mouche | blow (nose) |
| mouchwa | handkerchief |
| moul | mold |
| moulen | chew, grind, grinder, mill |
| moumou | shift, smock |
| moun | individual, inhabitant, man, people, person |
| moun fou | maniac |
| moun kap kritike | critic |
| moun kap travay nan biwo | clerk |
| moun ki gen pawòl | man of one's word |
| moun pa | influential friend |
| moun sòt | fool, idiot |
| mouri | dead, die, exhausted, numb, stall |
| mouri grangou | starve |
| mouri kite | leave |
| moustach | mustache |

| | |
|---|---|
| moustikè | mosquito net |
| moutad | mustard |
| mouton | mutton, sheep |
| mouvman | motion, movement |
| mouye | wet, damp, moisten |
| mouye tranp | drenched, soaked, soaking wet |
| mov | purple |
| move | bad |
| move gou | bad taste, aftertaste |
| move rèv | nightmare |
| move tan | storm |
| move tanperamen | temper |
| move zèb | weed |
| mozayik | tile |
| mwa | month |
| mwatye | half, halfway |
| mwaye | hub |
| mwayen | means |
| mwayènn | average |
| mwèl | marrow |
| mwen | I, me, my |
| mwens | less |
| myèl | bee |
| myèt | crumb |
| naje | swim |
| nan | in, between, into, out of |
| nan dan ou | up yours |
| nan fon sonmèy | fast asleep |
| nan gou yon moun | to someone's liking |
| nan konfyolo | cahoots |
| nan peyi etranje | abroad |
| nan plas | away (put) |
| nan plas yon moun | in someone's place |
| nan poblèm | be in hot water |
| nan tchouboum | up a creek |
| nan tèt | mental |
| nan tèt yon | figment of |

| | |
|---|---|
| moun | someone's imagination |
| nan tout | among |
| nan zòn | vicinity |
| nanm | soul |
| nannan | flesh |
| nanpwen | none |
| nap | tablecloth |
| nas | fish trap |
| nasyon | nation |
| nat | straw mat |
| nati | nature |
| nave | turnip |
| nayilonn | nylon |
| ne | knot, ribbon |
| nè | nerve |
| nechèl | ladder |
| nèf | new, nine |
| nèg | guy, man |
| nèg mòn | hillbilly |
| negatif | negative |
| nègès | gal, woman |
| neglijan | careless |
| neglije | neglect (v), omit |
| nen | nose |
| nenpòt | any, whichever |
| nenpòt bagay | anything |
| nenpòt kote | anywhere |
| nenpòt lè | anytime |
| nenpòt moun | anybody |
| nenpòt moun ki | who(m)ever |
| nenpòt sa | whatever |
| nepe | sword |
| nesans | birth |
| nesesè | necessary |
| nesesite | necessity |
| nèt | completely, entirely, permanently, thorough |
| netwaye | clean (v), clean up |
| neve | nephew |
| neye | drown |
| ni | bare, nude, either, or |

| | | | |
|---|---|---|---|
| nich | nest | ofisye | officer |
| nich fomi | anthill | ofri | offer (v) |
| nich myèl | beehive | òg | organ |
| niche | lick | ogèy | pride |
| nil | tie (score) | ogmantasyon | raise |
| nimewo | number | ogmante | increase |
| nivo | level | okazyon | opportunity |
| nò | north, northern | òkès | orchestra |
| nofraj | shipwreck | òkèt | hiccup |
| nòmal | natural, normal, fitting | okipasyon | business |
| | | okipe | busy, care for, look after, support (v) |
| non | name, family name, no | | |
| | | oktòb | October |
| non jwèt | nickname | òlòj | clock |
| nonk | uncle | olye | instead |
| nonm | man | onèt | honest, upright |
| nonmen | appoint | onz | eleven |
| nòs | wedding | opalè | loudspeaker |
| nòt | grade, note | operasyon | operation (medical) |
| note | record (v) | | |
| notè | notary public | opresyon | asthma |
| Nòtrepè | Lord's Prayer | orevwa | good-bye |
| nou | our(s), us, we, you | oreye | pillow |
| | | otanp | church |
| nouri | feed | otèl | hotel |
| nouriti | food | oto | auto, car |
| nouvèl | message, news | otopsi | autopsy |
| nouvo | new, modern | otorite | authority |
| novanm | November | ou | or, you, your |
| noyo | pit (seed) | ougan | voodoo priest |
| nwa | black, dark | ounfò | voodoo temple |
| nwasi | blacken | ouvè | open (v), turn on, unfold, unwrap |
| nway | cloud | | |
| nwèl | Christmas | | |
| nwi | annoy | | |
| nwit | night | ouvè lestonmak | open up to |
| nyès | niece | ouvèti | opening |
| obeyi | obey | oze | dare |
| oblije | force (v) | pa | not, by, through, belong, share, part, step |
| odè | odor | | |
| òdinatè | computer | | |
| òdinè | common, plain, familiar, ordinary, usual | pa abitye | unaccustomed |
| | | pa ankò | no longer |
| | | pa anyen | nothing |
| odsidmoun | condescending | pa ase | insufficient |
| òfelen | orphan | pa asire | unstable |

| | | | |
|---|---|---|---|
| pa bon | bad, counterfeit | pakin | park (vehicle) |
| pa chè | cheap, | pal | light, pale |
| | inexpensive | palan | pulley |
| pa dakò | differ, disagree, | pale | speak, talk, |
| | disapprove, | | conversation, |
| | opposed | | discuss |
| pa dekwa | don't mention it | palè | palace |
| pa do | backwards | pale dousman | whisper (v) |
| pa donte | untamed | pale nan zòrèy | whisper secretly |
| pa dwat | crooked | palmis | palm (tree) |
| pa fon | shallow | palto | coat |
| pa gen anyen | there's nothing | pami | among |
| nan | to | pàn | breakdown |
| pa kapab | unable | | (machine), not |
| pa kè | by heart | | functioning |
| pa klè | ambiguous | panche | lean, tilt |
| pa kontan | unhappy | pandan | during, while |
| pa la | away, absent | pandil | clock |
| pa mache | be out of order, | pandye | hang |
| | out | pankad | sign, billboard |
| pa mwen | mine | pann | hang (v) |
| pa nivo | uneven | pann tèt | hang oneself |
| pa nòmal | abnormal | panse | dress (a wound), |
| pa pè anyen | fearless | | think, thought |
| pa pwòp | unclean | pansman | dressing |
| pa rapid | slow | | (wound), |
| pa regle | unsettled | | bandage |
| pa renmen | dislike | pansyon | boarding house, |
| pa vle | unwilling | | pension |
| pa vre | untrue | pant | slope |
| pa wè pre | far-sighted | pantalon | pants |
| padon | pardon, | panten | puppet |
| | forgiveness | pantouf | slipper |
| padonnen | pardon (v), | pantyè | cupboard |
| | forgive | panye | basket |
| padsi | raincoat | panye fatra | trash can |
| pafen | perfume | panye rad sal | laundry hamper |
| pafouten | sideburns | panyòl | Dominican, |
| pafwa | sometimes | | Spanish |
| pagay | paddle | pap | pope |
| pagaye | paddle (v), | papa | father |
| | row (v) | papay | papaya |
| paj | page | papiyon | butterfly |
| pak | Easter, pen | papòt | doorway, |
| pake | package, bundle | | threshold |
| pakèt | many | | |

| Creole | English |
|--------|---------|
| papye | paper, deed, document |
| papye dekalke | carbon paper |
| papye emri | emery paper |
| papye ijenik | toilet paper |
| papye sable | sand paper |
| parabòl | parable |
| parad | review (military) |
| paradi | paradise |
| paran | parent, relation |
| parapli | umbrella (rain) |
| parasòl | parasol, umbrella |
| paravan | screen |
| pare | ready, set, prepare, take cover |
| parenn | godfather |
| parenn nòs | best man |
| pares | laziness |
| parese | lazy |
| parèt | appear, arise, come out, germinate |
| paryay | bet |
| parye | bet (v) |
| pas | pass, ford |
| pasaje | passenger |
| pase | pass (v), because, drop by, get by, go by, go through, iron (v), pass (v), strike (v) |
| pase devan | pull ahead of |
| pase lòd | order (v) |
| pase mal | go wrong |
| pase nan paswa | strain |
| pase nan tèt | occur to |
| pase sou | climb over, run over |
| paske | because |
| paspò | passport |
| paspouki | favoritism |
| pastè | pastor |

| Creole | English |
|--------|---------|
| paswa | strainer |
| pat | dough, paw, tentacle, toothpaste |
| pataje | share (v), divide |
| patant | license |
| patat | sweet potato |
| pati | leave (v), part, share, start out, genitals |
| pati dèyè | chase |
| pati kite | abandon, desert, run out on |
| patid | as of |
| patinen | skid |
| patiray | pasture |
| patriyot | patriot |
| patwon | boss, pattern |
| pawas | parish |
| pawòl | word |
| pay | straw, husk, thatch |
| paydefè | steel wool |
| pè | afraid, fear, pair, priest |
| pèch | fishing, peach |
| peche | fish (v), sin |
| pechè | fisherman |
| pedal | pedal |
| pedale | pedal (v) |
| pèdi | lose, lost, miss out, absorbed, immersed |
| pèdi konnesans | faint (v) |
| pèdi sanfwa ou | lose one's cool |
| pèdi tèt ou | lose one's mind, loose oneself |
| pèdi valè | go down (value) |
| pèdi van | deflate |
| pèdri | quail |
| pèl | pearl, shovel |
| pèlen | trap |
| pèman | wages |
| pèmanant | permanent |
| pèmèt | allow |

| | | | |
|---|---|---|---|
| pèmisyon | permission | pi byen | best, better |
| pen | bread, loaf | pi devan | ahead |
| pen griye | toast | pi gran | eldest |
| penchen | pinch (v) | pi lwen | farther |
| peng | stingy | pi lwen pase | beyond |
| penn | paint (v) | pi mal | worse |
| pens | pliers, tweezers, dibble | pi piti | least |
| | | pi wo pase | above |
| penso | paintbrush | piblik | public |
| pent | painter, artist | pibliye | publish |
| pentad | guinea fowl | pich pich | beady |
| penti | paint | pichkannen | pinch (v) |
| pentire | paint (v) | pifò | majority |
| peny | comb | pifò nan | most of |
| penyen | comb (v) | pijama | pajamas |
| pèp | people | pijon | pigeon |
| pepinyè | nursery | pik | ice pick, pick |
| peple | multiply, populate | pikan | thorn |
| | | pike | prick, transplant, hot (pepper), burn (pepper) |
| pès | pest | | |
| pèsèptè | tax collector | | |
| pèsi | parsley | piki | injection, shot |
| pèsistan | insistent | pikliz | pickles (spicy hot cabbage relish) |
| pèt | loss | | |
| peta | firecracker | | |
| pete | burst, erupt, pop, fart | pikwa | pickax |
| | | pil | battery, mound, heap |
| pete tèt | fool oneself | | |
| pete tèt ou | kid oneself | pile | step on, pound (with a pestle) |
| pete yon kòlè | fly off the handle | | |
| pètèt | maybe, perhaps | piletwal | sparkler |
| pewòl | payroll | pilon | mortar |
| pewon | sidewalk | piman | pepper (chili) |
| peye | pay (v) | piman dous | bell pepper |
| peyi | country, homeland | pinèz | bedbug |
| | | pini | punish |
| peyizan | peasant | pinisyon | punishment |
| peze | press, bear down, press, squeeze (v), weigh | pip | pipe (tobacco) |
| | | pipi | urinate, urine |
| | | pire | squeeze (v), puree (v) |
| pi | more, most, pus, well | pis | dance floor, flea |
| | | pise | piss |
| pi bon | best, better, perfect | pisin | swimming pool |
| | | piske | since, as |
| pi bon pase tout | best | pistach | peanut |

| | | | |
|---|---|---|---|
| piston | piston, clout, influence | plat | flat, horizontal |
| | | plati | flatten |
| pit | sisal | plato | platter |
| pita | later | platon | plateau |
| piti | little, small | plen | fill (v), full, packed |
| piti piti | gradually | | |
| pitimi | millet | plèn | plain |
| pitit | child, kid, offspring | plenn | moan, complain |
| | | plenyen | complain |
| pitit fi | daughter, girl | plezi | fun, pleasure |
| pitit gason | son | pli | pleat, wrinkle |
| pitit pitit | grandchild | plim | pen, feather, eyelash |
| pito | instead, prefer, would rather | plimen | pluck |
| pitye | pity, compassion | plis | more |
| piwili | lollipop, sucker | plise | pleated |
| piyay | bargain, dirt cheap | pliye | fold (v) |
| | | plizyè | several |
| pla | dish | plòg | plug |
| pla men | palm | ploge | plug in |
| pla pye | sole (foot) | plon | lead |
| plafon | ceiling | plonbe | fill a tooth |
| plaj | beach | plonje | dive, dip, spring (v) |
| plak | license plate, phonograph record, plaque | plonje sou | lunge at |
| | | po | cover, skin, shell, peel, pitcher, vase |
| plakbòl | shoe polish | | |
| plan | blueprint, seedling | pò | harbor |
| plàn | pawnshop | po bèt | hide |
| planch | board, plank | po bouch | lip |
| planche | floor (wooden) | po je | eyelid |
| planchèt | ironing board | po liv | book cover |
| plane | hock, pawn | poban | vial |
| planing | birth control | pòch | pocket, case, holster |
| planni | level (v) | | |
| plant | plant | podjab | poor soul |
| plante | plant (v) | pokè | poker |
| plas | opening, place, position, space, town square | poli | polite, polish |
| | | polis | policeman |
| | | politik | politics |
| | | polyestè | polyester |
| plasay | common law marriage | polyo | polio |
| | | pòm | apple |
| plastè | plaster (medical) | pomad | ointment, salve |
| plastik | plastic | pon | bridge, deck |

| | |
|---|---|
| ponch | punch |
| ponmdetè | potato |
| ponmkèt | cupcake |
| ponn | lay |
| ponntye (antre) | clock in |
| ponntye (soti) | clock out |
| ponp | pump |
| ponp gazolin | gas pump |
| ponpe | pump (v), buck (v) |
| ponpye | fireman |
| ponya | dagger |
| ponyen | handful |
| ponyèt | arm, wrist |
| pope | doll |
| popilè | popular |
| pòpkòn | popcorn |
| pòpyè | eyelid |
| pòs | post |
| pòs polis | police station |
| pòs radyo | radio station |
| posede | own (v) |
| posib | possible |
| poste | mail (v) |
| pòt | door |
| pòtay | gate |
| pòtchanm | chamber pot |
| pote | bring, carry, transport, bear (v), wear |
| potèj | amulet |
| poteksyon | amulet |
| poto | beam, pole, post |
| pòtray | chest |
| pòtre | photograph |
| pou | for, in order to, louse, belong |
| pou byennèt yon moun | for someone's own good |
| pou granmesi | for free, for nothing |
| pou karang | louse |
| pou ki moun | whose |
| pou ki sa | why |
| pou konnye a | for the moment |
| pou kont li | by him/herself, voluntarily |
| pou kont ou | alone, by oneself |
| pou li | his, hers, its |
| pou tèt | due to |
| pou tout moun tande | out loud |
| pou tout tan | forever, indefinitely |
| pou toutbon | for good |
| poubwa | gratuity, tip |
| poud | powder |
| poud bwa | termite |
| poud elvasyon | baking powder |
| poul | chicken, hen, clue, tip |
| poulen | stallion colt |
| pouli | pulley |
| poulich | foal |
| poumon | lungs |
| poupou | feces, shit |
| pouri | rot, decay (v) |
| pouriti | rot, decay |
| pous | thumb, inch |
| pousan | percent |
| pouse | push (v), shove (v), grow |
| pouso | pig |
| pousyè | dust |
| poutan | yet |
| poutèt yon moun | on someone's account |
| pouvwa | power |
| pòv | poor |
| pòy | cigarette butt |
| poze | ask, break, lay |
| pozitif | positive |
| pran | take, accept, be in a fix, seize, capture, catch, come down with, get, set (v) |

| | | | |
|---|---|---|---|
| pran ak de bra | welcome someone with open arms | presye | precious |
| | | prèt pou | about ready |
| | | prèt pou rive | close at hand |
| pran chans | take a chance | pretansye | pretentious |
| pran daso | assault (v) | pretansyon | vanity, arrogance, haughtiness |
| pran devan | lead, break away | | |
| pran dife | catch fire | prete | borrow, lend |
| pran plas yon moun | take someone's place | prèv | evidence, proof |
| | | prevwa | forewarn, anticipate, foresee |
| pran plez | enjoy | | |
| pran pou | mistake someone for | preyavi | notice |
| pran pou abitid | make a habit of | prezan | present, here |
| pran ranseyman | inquire | prezante | present (v), introduce |
| pran san ou | be patient | | |
| pran souf ou | catch one's breath | prezidan | president |
| | | pri | price, prize |
| pran tèt yon moun | turn someone's head, misdirect someone | pridan | prudent, wise |
| | | prije | squeeze |
| | | prim | prize |
| | | primè | primary school |
| pran yon bann tan | take forever | prive | private |
| | | privye | net |
| pran yon moun | get even | priye | pray |
| pran yon woulib | hitch a ride | priyè | prayer |
| pratik | client, practical | priz | outlet (electrical) |
| pre | close, near | prizon | jail, prison |
| prèch | sermon | prizonnye | prisoner |
| preche | preach | pwa | bean, pea |
| prejije | prejudice | pwa frans | pea |
| prekosyon | caution | pwa tann | green bean |
| prela | tarpaulin | pwa tchous | lima bean |
| premye | first, eldest | pwa wouj | kidney bean |
| prenon | name, first name | pwal | fur, animal hair |
| preparasyon | preparation | pwason | fish |
| prepare | prepare | pwatrin | chest |
| près | press (printing) | pwatrine | tubercular |
| presbitè | parsonage, presbytery | pwav | pepper (black) |
| | | pwaye | cuff |
| prese | rush, hurry (v), urgent | pwazon | poison |
| | | pwèl | eyelash, body hair |
| prèske | almost, nearly | | |
| prèske pa | hardly | pwelon | frying pan |
| preskri | prescribe | pwen | fist, dot |
| preskripsyon | prescription | | |

| | |
|---|---|
| pwent | end, tip, point of land |
| pwent tete | nipple |
| pwenti | pointed |
| pwès | thick |
| pwi | well (water) |
| pwobab | probable |
| pwoblèm | care, concern, drawback, problem, worry |
| pwofesè | professor |
| pwofite | take advantage of |
| pwogram | agenda, program, show |
| pwogrè | progress |
| pwomès | promise |
| pwomèt | promise (v) |
| pwomnad | walk, hike |
| pwomosyon | promotion, graduation |
| pwononse | pronounce |
| pwòp | clean, neat, tidy |
| pwopoze | propose |
| pwopriete | property |
| pwòpte | clean (v), cleanliness |
| pwose | law suit |
| pwosesyon | procession |
| pwoteje | protect, shield (v) |
| pwotestan | protestant |
| pwoteste | protest, object (v) |
| pwouve | prove |
| pwovèb | proverb, saying |
| pwovizyon | supplies |
| pyanis | pianist |
| pyano | piano |
| pye | foot, plant |
| pyè | flint, stone |
| pye atè | barefoot |
| pyè brikè | flint |
| pye bwa | tree |
| pye douvan | forefoot |
| pye poul | drumstick |
| pye rezen | grapevine |
| pyebwa | tree |
| pyèj | trap, plot |
| pyès | coin, component, part, patch, play, room |
| pyese | patch (v) |
| pyon | piece (game) |
| ra | scarce, rare |
| rabi | stunted |
| rabo | plane (tool) |
| raboure | plow |
| rach | ax |
| rache | uproot, tear off |
| rad | clothes |
| radi | insolent, radish |
| radiyès | insolence |
| radòt | nonsense |
| radyatè | radiator |
| radyo | radio |
| radyodyòl | grapevine |
| radyografi | x-ray |
| raf | raffle |
| rafle | raffle (v) |
| rafrechi | refresh |
| ragou | stew |
| raje | weed, underbrush |
| rakonte | tell, relate |
| ral | undertow |
| ralanti | slow down |
| rale | pull, crawl, inhale, drag |
| rale kò ou | draw back |
| rale sou pye | go on foot, hobble |
| ralonj | extension cord |
| raman | seldom, rarely |
| rame | row (v) |
| ran | row, line |
| ranch | hip |
| randevou | appointment |
| randman | yield |
| ranje | fix, arrange, repair, row |

| | |
|---|---|
| ranje yon lòt jan | rearrange |
| rankin | spite |
| rankontre | meet |
| ranm | oar |
| ranmak | hammock |
| ranmase | collect, gather, pick up (v) |
| rann | render, yield, spit up |
| rann kont | realize, account for |
| rann tèt ou | turn oneself in, give oneself up |
| ranni | bray, whinny |
| rannman | yield |
| ranpe | creep |
| ranplase | replace |
| rans | nonsense, rancid |
| ranse | fool around |
| ranvwaye | postpone, fire (v) |
| ranyon | rags (clothing) |
| rapadou | raw sugar |
| rape | grate (v), grab, snatch |
| rapid | fast |
| rapò | report |
| rapòte | benefit (v), tattle |
| ras | race, breed, tribe |
| rasanble | assemble, collect, gather |
| rasi | stale |
| rasin | root |
| rat | rat |
| rate | shortage |
| rato | rake |
| ravèt | roach |
| ravin | ravine |
| ray | rail |
| rayi | hate |
| raz | boring |
| razè | broke |
| razwa | razor |
| rebò | edge, brim |

| | |
|---|---|
| rebyen | make up |
| rechiya | fussy |
| recho | brazier |
| rechte | throw up |
| rèd | stiff, stubborn, tense |
| redi | tug |
| redwi | reduce |
| reèl | real, actual |
| refè | recover, redo |
| refize | refuse, deny |
| reflechi | reflect, think |
| règ | ruler, menstruation |
| regilye | regular |
| regle | settle, clear up, resolve, punish |
| regleman | rule, settlement |
| regrèt | regret |
| rejim | bunch (bananas) |
| rejis | register |
| rejwi | rejoice |
| rèk | mature (fruit) |
| reken | shark |
| reklam | advertisement, commercial |
| rekòlt | harvest |
| rekòlte | harvest (v) |
| rekòmande | recommend, registered mail |
| rekòmanse | start over |
| rekonnesans | gratitude |
| rekonnèt | recognize, distinguish |
| rekonpans | reward |
| rekonpanse | reward (v) |
| rekreyasyon | recess |
| rèl | stripe, yell, shout |
| reclame | claim (v) |
| rele | call (v), call out, yell (v), shout (v), telephone (v) |
| relijyon | religion |

| | | | |
|---|---|---|---|
| relyasyon | connection | reseptak | receptacle |
| remake | remark (v), observe, notice | resevwa | receive, entertain |
| | | resi | receipt |
| remarye | remarry | resif | reef |
| remèd | medicine, remedy, cure | resite | recite |
| | | resiyòl | nightingale |
| remèsiman | thanks | resò | spring (metal) |
| remesye | thank (v), fire (v) | respè | respect |
| remèt | give back, pay back, refund, repay, return (v) | respekte | respect (v), comply |
| | | responsab | accountable, responsible |
| remiz | garage | restoran | restaurant |
| remòkè | tow truck, tugboat | ret sou dlo | float |
| | | ret tann | wait (v) |
| ren | kidney | reta | delay |
| rèn | queen, rein | retay | scraps |
| renmen | like, love (v), enjoy | rete | remain, stay, stop (v), suspend, live |
| rense | rinse | | |
| repa | meal | rete bèkèkè | flabbergasted |
| repann | spread | retire | remove, delete, free (v), shave off, strip (v), subtract |
| repanti | repent | | |
| reparasyon | repair | | |
| repare | repair (v), mend | | |
| repase | review (v), iron (v) | retire pwen sou | mark someone down |
| repete | repeat, echo | retire rad sou ou | strip (v) |
| repetisyon | rehearsal | retire van nan | deflate |
| repiblik | republic | retou | return |
| repike | transplant | retounen | come back, go back, return (v) |
| repitasyon | reputation | | |
| repo | rest | retrete | retired |
| reponn | reply (v), answer (v) | retwovizè | rear-view mirror |
| | | rèv | dream |
| repons | reply, answer | revanj | revenge |
| repoze | rest (v) | reve | dream (v) |
| reprann | bounce back | revèy | alarm clock, clock |
| reprezante | represent | | |
| repwòch | reproach, blame | reveye | awaken |
| repwoche | reprimand, scold | revini | come to |
| rès | rest, leftover, remainder | revokasyon | discharge |
| | | revoke | discharge (v), fire (v) |
| resansman | census | | |
| resepsyon | reception | revolvè | handgun |

| | | | |
|---|---|---|---|
| reyinyon | meeting | saj | wise |
| reyon | spoke, ray, beam | sak | sack, bag |
| | | sak kolèt | burlap sack |
| rezen | grape, raisin | sak zorye | pillowcase |
| rezèvasyon | reservation | sakre | sacred, holy |
| rezève | reserve (v) | sakrifis | sacrifice |
| rezilta | result | saksofòn | saxophone |
| rezistans | endurance, stamina | sal | dirty, grubby, messy, room, soil (v) |
| reziste | resist | | |
| rezon | reason, argument, justification, purpose | salad | salad |
| | | salamanje | dining room |
| | | salin | salt marsh |
| | | saliv | saliva |
| rezoud | resolve, settle, solve | salon | living room |
| | | salte | dirt, filth, impurity |
| ri | laugh (v), laughter, street | salye | salute, greet, bow |
| ri pou kont ou | giggle | | |
| riban | ribbon | salyè | collarbone |
| rich | rich, wealthy | samdi | Saturday |
| richès | wealth | san | blood, hundred, without |
| rido | curtain | | |
| rigòl | gutter | san gou | bland, tasteless |
| rigwaz | whip, crop | san kaye | blood clot |
| rimatis | rheumatism | san konnesans | unconscious |
| rin | ruin | san mank | definitely |
| ris | risk | san pretansyon | humble |
| riske | risk (v) | san prèv | groundless |
| rive | arrive, come, happen, reach | san rete | non-stop |
| | | san sa | without, otherwise |
| rivèt | rivet | sanble | appear, gather, resemble, seem |
| rivyè | river | | |
| riz | trickery | | |
| sa | it, that, what, would | sandal | sandal |
| | | sandriye | ashtray |
| sa a | this | sandwich | sandwich |
| sa vle di | in other words | sanfwa | composure, self-control |
| sa yo | these, those | | |
| sab | sand | sang | cinch |
| sable | sand (v) | sann | ash, cinder |
| sache | paper bag | sans | direction, sense, meaning |
| sad | snapper | | |
| sadin | sardine | sansi | leech |
| saf | glutton | sansib | sensitive, tender |
| safte | gluttony | | |

| | | | |
|---|---|---|---|
| sant | fragrance, odor, smell | selon | according to |
| santans | verdict, sentence (judgment) | sèman | oath |
| | | sèmante | swear, swear to it |
| sante | health | semèl | sole |
| santi | feel (v), sense (v), smell (v), sniff | semenn | week |
| | | semenn sent | Holy Week |
| | | seminè | seminary |
| santi fò | stink | sen | saint, holy |
| santi ou ka(b)\kapab | feel up to | sèn | scene, seine |
| | | senatè | senator |
| santim | cent | sendika | labor union |
| santimèt | tape measure | Sendomeng | Dominican Republic |
| santinèl | sentry | | |
| sanzatann | out of the blue | sènen | surround (v), seine |
| sapat | sandal | senk | five |
| sapoti | sapodilla | senk kòb | five cents |
| saranpyon | chicken pox | senkant | fifty |
| satan | Satan, devil | senp | easy, simple |
| saten | satin | senpati | sympathy |
| satisfè | satisfy, satisfied, happy | sensè | sincere |
| | | sent | saint |
| savann | grassland | Sentespri | Holy Spirit |
| savann dezole | desert | senti | belt |
| savon | soap | senyè | lord |
| se | it is | senyen | bleed |
| sè | sister | sèpan | serpent, snake |
| se pou sa | therefore | sepandan | however, nevertheless, yet |
| sèch | dry | | |
| seche | dry (v) | | |
| sechrès | drought | sèpantye | woodpecker |
| segondè | high school | separe | distribute, divide, give out, separate, share (v) |
| sèjan | sergeant | | |
| sèk | arid, dry, circle | | |
| sèkèy | casket, coffin | | |
| sekle | weed (v) | sèpèt | sickle |
| sekle ak wou | hoe (v) | septanm | September |
| sekrè | confidential, secret | sere | clench, conceal, hoard, store (v), tight, tighten, save (data) |
| sekretè | secretary | | |
| sekwa | conceited | | |
| sèl | only, saddle, salt | | |
| sele | saddle (v) | sere boulon | clamp down |
| seleri | celery | sere dan ou | grit one's teeth |
| sèlman | just, only | sere pou | cover up for |

| Creole | English | Creole | English |
|--------|---------|--------|---------|
| seremoni | ceremony | sifas | surface |
| sereng | syringe | sifle | whistle |
| seri | lock | siga | cigar |
| seriz | cherry | sigarèt | cigarette |
| serye | dependable, for certain | sik | sugar |
| | | sik wouj | brown sugar |
| sese | sissy | siklòn | hurricane |
| sèso | clothes hanger | siksè | success |
| seswa | either | silans | silence |
| sèt | seven | siman | cement |
| sèt otè | sky-high | simaye | scatter |
| sèten | certain, sure | simen | scatter, sow (v), sprinkle (v) |
| sètifika | diploma | | |
| sevè | severe | simityè | cemetery |
| sèvèl | brain | sinema | movie, theatre |
| sèvèl poul | birdbrain | sinistre | refugee, victim |
| sèvi | serve, wait on | sinon | unless, otherwise |
| sèvi avèk | use | | |
| sèvi lwa | voodoo worship | sipèvizè | supervisor |
| sevi temwen | witness (v) | sipò | support |
| sèvis | service, ceremony | sipòte | endure, bear, cope |
| sèvo | brain | sipoze | suppose |
| sèvolan | kite | siprime | curtail, stunt (v) |
| sevre | wean | sipriz | surprise |
| sèvyèt | napkin, towel | sire | wax (v) |
| sèz | sixteen | sirèn | alarm, siren, mermaid |
| sezaryèn | Caesarean section | sirèt | candy |
| sezi | seize, surprise (v), surprised, take | sis | six |
| | | sispann | discontinue, abolish, quit |
| sezisman | shock, surprise | sispèk | suspect |
| sezon | season, period | sispekte | suspect (v) |
| sezon lapli | rainy season | sistèm | system |
| si | sour, certain, if, positive, saw, whether, so, much | sit entènèt | web site |
| | | site | name (v), safety |
| | | sitèn | cistern |
| | | sitiasyon | situation |
| si a meto | hacksaw | sitou | especially, particularly |
| si m' te ou menm | if I were you | | |
| | | sitwon | lime |
| si...pa | unless (if...not) | sitwonad | limeade |
| sibit | sudden | sitwonnèl | citronella |
| sid | south | siv | chives |
| sida | AIDS | siveye | watch (v) |

| | | | |
|---|---|---|---|
| sivilize | civilize, civilized | sosyete | society, company |
| siwo | syrup | | |
| siwo myèl | honey | sòt | dumb, stupid |
| siy | gesture, sign, signal, beauty mark | sot tonbe | fall off |
| | | sote | jump, skip, explode |
| siyal | blinker, signal | sote kòd | jump rope |
| siyati | last name, signature | soti | come from, germinate, go out |
| siye | wipe, dry (v), saw (v) | | |
| | | sou | drunk, on, onto, upon |
| siye dan yon moun | grate on someone's nerves | sou de pye | standing, back on one's feet |
| siye je ou | dry one's eyes | sou deyò | outwards |
| siye kò ou | dry off | sou goumen | looking for trouble |
| siyen | sign (v) | | |
| siyifye | mean (v) | sou kont | have a chip on one's shoulder |
| sizo | scissors | | |
| skopyon | scorpion | sou kote | apart |
| slip | underpants | sou nou | in the air |
| so | fall, tumble, seal | soud | deaf |
| sòf | except, unless | soude | solder, weld |
| sofgade | save (data) | souf | breath |
| solanèl | solemn | soufle | blow (v), whistle (v) |
| solda | soldier | | |
| solèy | sun | souflèt | slap, whistle |
| solèy kouche | dusk | soufri | suffer |
| solid | solid, firm, stable, steady, sturdy | souke | shake, nod, wag |
| | | soukoup | saucer |
| | | soulaje | lighten, relieve |
| solitè | tapeworm | soulajman | relief (aid) |
| sòm | psalm | soulye | shoe |
| somèy | sleep | soup | soup |
| somon | salmon | soupe | supper |
| somye | box spring | soupi | sigh |
| son | sound, noise | souple | please, if you please |
| sonje | remember, reflect, remind | | |
| | | souri | smile, smile (v) |
| sonm | dull, dark | sourit | mouse |
| sonn | stethoscope | sous | spring |
| sonnen | ring (v), jingle | souse | suck |
| sòs | sauce, gravy | sousèt | pacifier |
| sòs tomat | catsup | sousi | eyebrow, worries |
| sosis | sausage | | |
| | | soutni | support (v) |

| | | | |
|---|---|---|---|
| soutyen | bra | takte | freckled, spotted |
| souvan | frequently, often, regularly | talè | shortly, soon |
| | | talon | heel |
| sovaj | wild, rough | tamaren | tamarind |
| sove | flee, escape, safe, rescue, save (data) | tan | time, weather |
| | | tanbou | drum |
| | | tanbouyè | drummer |
| spesyal | special, particular | tande | hear, understand |
| stasyon | station, bus stop | tande zòrèy | eardrum |
| stòk | stock | tank | tank |
| suiv | follow | tank gaz | gas tank |
| swa | either, silk, evening | tankou | as, like, the same as |
| swaf | thirst, thirsty | tanmen | begin |
| swake | whether | tann | await, wait (v) |
| swasant | sixty | tannè | tanner |
| swasant dis | seventy | tannen | tan (v) |
| swe | sweat | tannri | tannery |
| swèl | spanking | tanp | church, temple |
| swen | care | tanpe | brand (v) |
| swete | wish | tanperaman | temperament, personality |
| swif | tallow | | |
| switch | switch | tanperati | temperature |
| swiv | follow | tanpèt | storm, tempest |
| syans | science | tanpon | pad |
| syèk | century | tanpri | please, I beseech you |
| syèl | sky, heaven | | |
| ta | late, would | tansyon | blood pressure |
| tab | table | tant | aunt, tent |
| tabak | tobacco | tante | tempt, attempt |
| tabliye | apron | tape | type (v), strike (v) |
| tablo | blackboard, painting | | |
| | | tapi | carpet, rug |
| tabourè | stool | tas | cup |
| tach | stain, coconut fiber | tatonnen | grope |
| | | tay | size, sharpener |
| tache | fasten, pin (v), stain (v) | tay fè mal | backache |
| | | taye | clip (v), snip |
| tafya | liquor, booze | tayè | tailor |
| tafyatè | alcoholic, drunk | tayo | taro (root) |
| take | latch (v) | tchak | surly, uptight |
| takèt | bolt | tcheke | check (v), verify |
| takinen | tease (v) | tchouboum | deep pit, deep trouble |
| taks | tax | | |
| taksi | taxi, cab | te | tea |

| | | | |
|---|---|---|---|
| tè | earth, soil, land, ground | tetin | nipple |
| | | teyat | theater |
| te dwe | should, ought | ti | little |
| tebe | tuberculosis | ti bebe | baby |
| tèks | text | ti bèt | insect |
| tèl | such | ti bout | piece |
| telefòn | telephone | ti chat | kitten |
| telefonnen | telephone (v) | ti chemen | track, path |
| telegram | cable, telegram | ti chen | puppy |
| televizyon | television, television set | ti dejene | breakfast |
| | | ti fi | girl, little girl, virgin |
| tèlman | so, so much | | |
| tèmòs | thermos bottle | ti gason | boy, small boy |
| temwen | witness | ti kiyè | teaspoon |
| ten | thyme | ti kras | dab |
| tenèb | darkness | ti moman | moment |
| teni | outfit | ti monnen | change |
| tenis | tennis, tennis shoe | ti moso | piece |
| | | ti moun | child |
| tenm | stamp | ti pen | roll of bread |
| tenten | nonsense | ti rivyè | stream |
| tenyen je | wink (v) | ti soufri | weakling |
| tep | adhesive tape, tape recorder, tape | ti tèt | birdbrain, small of character |
| | | ti trip | small intestine |
| tepe | tape (v) | ti van | breeze |
| terebantin | turpentine | tib | tube |
| terib | terrible | tife | heat rash |
| testaman | will, testament | tifoyid | typhoid fever |
| tèt | head, top | tig | tiger |
| tèt anba | upside down | tikè | ticket |
| tèt ansanm | coalition | timoun | child, kid |
| tèt chaje | hassle, worry, concern | timoun lekòl | schoolchildren |
| | | tip | type of person, type, guy |
| tèt di | stubborn, stubbornness | tire | fire (v), milk (v), shoot (v), stretch (v) |
| tèt kabann | headboard | | |
| tèt kay | roof | | |
| tèt tiyo | faucet | tirè | dash |
| tèt zorye | pillowcase | tire kò | stretch (v) |
| teta | tadpole, sucker (fish) | tise | weave |
| | | tit | title |
| tetanòs | tetanus | tiwa | drawer |
| tete | breast, teat, suck, suckle | tiwèl | trowel |
| | | tiyo | faucet, pipe |
| tèt-fè-mal | headache | tizan | herbal tea |

| | |
|---|---|
| tò | wrong |
| tòchon | dish-towel |
| tòde | twist (v), squeeze (v), wring |
| tòl | sheet metal, galvanized roofing |
| tomat | tomato |
| tonbe | fall (v), drop (v), tumble |
| tonbe menm lè | coincide |
| tonbe nèt | go to the dogs |
| tonbe pou | fall for |
| tonbe sou | bump into, encounter |
| tondèz | lawn-mower |
| tonm | tomb |
| tonnè | thunder |
| tonton | uncle |
| tonton nwèl | Santa Claus |
| topi | top |
| total | total |
| tòti | turtle |
| tou | hole, too, every |
| tou bote | dimple |
| tou dèyè | anus |
| tou dwat | directly, straight ahead, upright |
| tou kole ak | jammed up against |
| tou le de | both |
| tou nèf | brand-new |
| tou pòt | keyhole |
| tou pre | nearby, close |
| tou rego | sewer |
| tou wòch | cave |
| toubiyon | whirlwind |
| touche | touch (v), cash (v) |
| toudi | dizzy, stunned |
| touf | clump, tuft |
| toufe | smother, asphyxiate, suffocate |

| | |
|---|---|
| toujou | always, forever, still |
| touman | torment |
| toumante | torment (v) |
| tounen | return, turn back |
| tounen mal | backfire |
| tounvis | screwdriver |
| toupatou | all over, around, everywhere |
| touris | tourist |
| tous | cough |
| touse | cough (v) |
| tout | all, entire, every |
| tout ansam | altogether |
| tout bagay | everything |
| tout jan | in any case |
| tout kote | everywhere |
| tout moun | everyone |
| tout nèt | every bit |
| tout tan | all the time |
| toutafè | completely |
| toutbon | really, indeed |
| toutotou | around, all around |
| toutouni | naked |
| toutrèl | dove |
| toutswit | at once, immediately |
| touye | kill, blow out, murder, turn off |
| touye je | wink (v) |
| touye tèt ou | knock oneself out |
| towo | bull |
| tradwi | translate |
| traka | worry, trouble |
| traktè | tractor |
| tranble | tremble, shiver |
| tranbleman | trembling |
| tranblemann tè | earthquake |
| tranch | slice |
| tranche | contraction |
| trangle | choke, strangle |
| trankil | tranquil, calm, peaceful |

| Creole | English | Creole | English |
|---|---|---|---|
| tranp | soaked | twati | roof |
| tranpe | soak (v), dip (v), dunk, marinate | twazyèm | third |
| | | twil | screen |
| trans | trance | twò | too |
| transmisyon | transmission | twoke | exchange, swap (v), trade |
| transplante | transplant | | |
| trant | thirty | twon | trunk (tree) |
| tras | trace, track | twonpe | deceive |
| trase | mark off | twonpèt | trumpet |
| trase yon egzanp | make an example of | twòp | too much, excess |
| travay | work, employment, job | twote | trot |
| | | twotwa | sidewalk |
| | | twoub | trouble, confusion |
| travay tè | farm (v) | | |
| travayè | worker | twouble | annoy, trouble |
| travès | beam, crossbeam | uit | eight |
| | | vach | cow |
| travèse | cross (v) | vakans | vacation, holiday |
| trayi | betray | vaksen | vaccine |
| trèf | clover, clubs | vaksinen | immunize, vaccinate |
| trelè | trailer | | |
| tren | train | valab | valid |
| trennen | pull, drag | vale | swallow (v) |
| trennen pye | drag ones feet, shuffle (v) | valè | amount, value |
| | | valiz | briefcase, suitcase |
| très | braid | | |
| tresayi | shudder | van | breeze, wind |
| trese | braid (v), weave | vandredi | Friday |
| trèt | traitor | Vandredi Sen | Good Friday |
| trete | treat (v) | vani | vanilla |
| tretman | cure, treatment | vanjou | dawn, pre-dawn |
| tretman tèks | word processing | vann | valve, sell (v) |
| trèz | thirteen | vannen | winnow |
| trezò | treasure | vanse | advance (v) |
| trezorye | treasurer | vant | abdomen, belly, stomach |
| tribiche | stumble | | |
| tribinal | court | vante | blow (v), evaporate, boast (v) |
| triche | cheat | | |
| trip | guts, intestine(s) | | |
| tripotay | gossip | vantilatè | fan |
| tris | sad, unhappy | vapè | steam |
| twa | three | vav | valve |
| twal | cloth, fabric | vaz | chamber pot |
| twal asyèt | dishtowel | vazlin | Vaseline |
| twal gaz | gauze | ve | vow |

| Creole | English | Creole | English |
|--------|---------|--------|---------|
| vè | glass, lens, worm, towards | viris | virus |
| | | vis | screw, vice |
| vè solitè | tapeworm | vise | screw (v) |
| vèb | verb | visye | greedy, having vices |
| ven | twenty | | |
| vèni | varnish (v) | vit | fast, glass, quickly, rapidly, window |
| venk | conquer | | |
| venn | blood vessel | | |
| vèp | vespers | | |
| veritab | breadfruit, true | vit devan | windshield |
| verite | truth | vitamin | vitamin |
| vès | coat | vitès | gear, speed |
| vèse | verse, pour | viv | live (v) |
| vèsèl | dishes | vivan | alive, living |
| vèsman | installment | viwonnen | surround |
| vèt | green | viza | visa |
| vètè | earthworm | vi-za vi | opposite |
| vèv | widow | vize | aim (v) |
| vèy | wake | vizit | visit |
| veye | watch (v), guard (v), spy (v) | vizite | visit (v) |
| | | vle | desire, let, please (v), want |
| veye lè | watch the clock | | |
| veye zo ou | take care | vle di | mean (v), mean to say, imply, insinuate |
| vi | life, lifetime, view | | |
| vid | empty, hollow | vle pa vle | like it or not |
| vide | empty (v), pour, spill | vlope | wrap, wind (v) |
| | | vlou | velvet |
| videyo | videotape | vo | be worth |
| viktim | victim | vodou | voodoo |
| viktwa | victory | vòl | flight, theft |
| vil | city, town | volan | steering wheel |
| vilbreken | bit brace | vole | fly (v) |
| vin | become, come | vòlè | rob, robbery, steal (v), thief |
| vin avèg | go blind | | |
| vin di | harden | vòlè bous | pickpocket |
| vin mou | soften | volebòl | volleyball |
| vin nan tèt yon moun | enter someone's mind, occur to | volim | volume |
| | | volonte | determination, will, willpower |
| vin pi mal | deteriorate | | |
| vinèg | vinegar | vomi | vomit (v) |
| vini | come, become | vonvon | beetle |
| vire | spin (v), turn (v) | vòt | vote |
| vire do | turn one's back on | vote | vote (v) |

| | | | |
|---|---|---|---|
| voum | large quantity, bundle | wi | yes |
| | | wikenn | weekend |
| voye | throw, toss, reschedule, send | winchil | windshield wiper |
| | | wiski | whiskey |
| | | wo | high, tall |
| voye je sou | keep an eye on, look over | wòb | dress |
| | | wobinè | tap, spigot |
| voye men | wave (v) | wòch | rock, stone |
| voye mò | cast a spell | wòl | role, one's place |
| voye pye | kick (v) | won | round, on the dot (exactly) |
| voye tounen | deport | | |
| vre | true, real | wonfle | snore |
| vwa | voice | wonm | rum |
| vwadlo | leak, (see fè vwadlo) | wonma | lobster |
| | | wonn | circle, ring |
| vwal | sail, veil | wont | ashamed, embarrass- ment, shame |
| vwalye | sailboat | | |
| vwati | car | | |
| vwayaj | travel, trip, voyage | wonyen | gnaw |
| | | wosiyòl | nightingale |
| vwayaje | travel (v) | wote | burp |
| vwayajè | traveler | wotè | height |
| vwazen | neighbor | woti | roast |
| vwazinay | neighborhood | wou | hoe, wheel |
| vyann | meat, flesh | wouj | red, bloodshot, inflamed |
| vye | old, ancient | | |
| vyèj | virgin | wouji | blush |
| vyèy fi | old maid | woul | hooky |
| vyeyi | age (v) | woule | roll (v) |
| vyolan | violent | woulèt | hem |
| vyolèt | purple | woulib | lift, ride |
| wa | king | woulo | roll, curler |
| waf | dock, pier, quay, wharf | woulong | mongoose |
| | | wout | road, path, trail |
| wanga | fetish, charm | wout tè | dirt road |
| wanga nègès | hummingbird | wouy | rust |
| watchmann | watchman | wouye | rust (v), rusty |
| watè | bathroom, restroom | wouze | sprinkle, water (v), irrigate, baste |
| wayal | royal | | |
| wayòm | kingdom | wòwòt | unripe |
| wè | see, notice (v), observe | woz | pink, rose |
| | | wozèt | bow tie |
| wè nan | see in | wozo | reed |
| wench | winch | yè | yesterday |
| wete | remove | ying-yang | feud |

| | | | |
|---|---|---|---|
| yo | their, them, they | zanpoud | blister |
| yon | one, a, an | zansèt | ancestor |
| yon bagay | something | zantray | innards, vitals |
| yon bann | many, lots, a lot | zarenyen | spider |
| yon fwa | once, once upon a time | zarenyen krab | tarantula |
| | | zaviwon | oar |
| yon lè konsa | every now and then | ze | egg |
| | | zèb | grass |
| yon lòt | another | zèb chèch | hay |
| yon lòt jan | differently | zègrè | heartburn |
| yon lòt kote | elsewhere | zegwi | needle |
| yon moun | one, someone | zeklè | lightening |
| yon pakèt | many, lots, a lot | zèl | wing, fender, fin |
| yon sèl | single, one only | zen | fishhook |
| yon sèl fwa | once | zepeng | pin |
| yon ti jan | somewhat, a little (bit) | zepeng kouchèt | safety pin |
| | | zepi | ear (corn) |
| yon ti moman | awhile | zepina | spinach |
| you tigout | a small quantity, pinch | zepòl | shoulder |
| | | zepon | spur |
| youn | one | zetriye | stirrups |
| youn apre lòt | consecutive, one after another, single file | zetwal | star |
| | | zewo | zero |
| | | zil | island |
| | | zip | zipper |
| youn dèyè lòt | back to back, consecutive, in a row | zipe | zip |
| | | zizye | gizzard |
| | | zo | bone, die (dice) |
| youn ou lòt | either | zo biskèt | breastbone |
| yoyo | yoyo | zo jamn | shin |
| zaboka | avocado | zo nen | bridge (nose) |
| zafè | affair, belongings, business, genitals | zo rèl do | backbone |
| | | zo salyè | collarbone |
| | | zo tèt | skull |
| | | zobòy | bunion |
| zago | hoof | zòn | area, region |
| zak | act | zonbi | zombie |
| zalantou | about, around | zong | fingernail |
| zam | arms, weapon | zong nan chè | ingrown nail |
| zangi | eel | zong pye | toenail |
| zanj | angel | zonyon | onion |
| zanmann | almond | zoranj | orange |
| zanmi | friend | zòrèy | ear |
| zannanna | pineapple | zorye | pillow |
| zannimo | animals | zòtèy | toe |
| zanno | earring | zotobre | big shot |

| | |
|---|---|
| zouti | tool |
| zwa | goose |
| zwazo | bird |
| zwazo wanga | hummingbird |
| zwit | oyster |
| zye | eye |